Un peu de lecture,
en espérant que tu apprécier.
Offert pour Noël
                Mathieu

Bonne lecture
        Claire

ET DANS L'ÉTERNITÉ
JE NE M'ENNUIERAI PAS

Paul Veyne

ET DANS L'ÉTERNITÉ JE NE M'ENNUIERAI PAS

Souvenirs

Albin Michel

© Éditions Albin Michel, 2014

*À Valérie Sandoz, en gage de respect
et de reconnaissance.*

I.

Une vocation ludique

NÉ EN 1930 dans le Midi de la France, dans un milieu presque populaire, je suis professeur honoraire d'histoire romaine au Collège de France. Ce livre n'est pas de l'autofiction et n'a aucune ambition littéraire, c'est un document social et humain à l'usage des curieux ; tout ce que je raconterai sera exact ; par exemple, que je me suis marié trois fois, comme Cicéron, César et Ovide, que j'ai été membre du Parti communiste dans ma jeunesse et que j'ai écrit des livres sur des sujets divers. Qu'on sache aussi, à titre de document social, que le montant de ma retraite est de 4 500 euros par mois, plus, bon an mal an, des droits d'auteur. J'ai pour patrimoine un trois-pièces, une petite automobile et beaucoup de livres, qui tapissent tous les murs. Je vis depuis longtemps dans un village de Provence, au pied du mont Ventoux.

« Rien n'est plus important que le choix d'un métier, mais, le plus souvent, le hasard en dispose », écrit La Bruyère, ou peut-être Chamfort. C'est vrai dans mon cas. J'avais huit ou neuf ans, j'étais élève à l'école primaire de Cavaillon et je me promenais sur la colline herbeuse qui domine la bourgade, quand une pointe d'amphore romaine qui gisait à terre m'est tombée par hasard sous les yeux.

Ce fut un choc : c'était un de ces objets sans prix qu'on met dans les musées, son argile grise et poreuse, usée par le temps, était d'une race plus antique que nos lisses vaisselles actuelles et sa forme irrégulière, pétrie à la main, était d'une ère antérieure à nos mécaniques. Elle était tombée dans notre siècle comme tombe des cieux un aérolithe, mais elle venait, non d'un autre monde, mais d'un monde aboli, dont je savais qu'il avait existé « avant » le nôtre : c'était écrit dans un des manuels de mon école, or rien au monde n'était supérieur à un livre. Mon tesson était marqué par le temps et la disparition de toutes choses, à laquelle il avait échappé. Ce qui le distinguait des timbres-poste que collectionnait un de mes camarades et dont les livres ne daignaient jamais parler.

Je rapportai en hâte mon trésor à la maison et, pour lui faire un sort digne de lui, j'allai dénicher dans le grenier un objet abandonné : une cloche de verre qui abritait le bouquet de mariage de ma mère ; je jetai celui-ci, car j'ignorais ce qu'est un bouquet de mariage (psychanalystes s'abstenir, donc) et je le remplaçai par un objet plus digne. C'est souvent vers cet âge de huit ans qu'un gamin s'enflamme pour ce qui sera l'occupation de toute sa vie, si la vie en veut bien.

Deux années plus tard, au lendemain de la défaite de 1940, un autre choc fut décisif. Le fils de bourgeois que je n'étais pas entra en classe de sixième classique. Le professeur de lettres

Une vocation ludique

nous dit que tout homme cultivé devait avoir lu deux livres, la Bible et Homère. La Bible n'était pas de mon âge, dit sévèrement ma mère. L'*Iliade*, l'admirable *Iliade*, m'ennuya, mais l'*Odyssée* traduite par Victor Bérard m'a enthousiasmé (l'octogénaire que je suis devenu en sait encore de longues pages par cœur).

Je me suis donc rendu chez le libraire du bourg, pour savoir si l'auteur de l'*Odyssée* n'aurait pas écrit d'autres livres encore. Un bouquin à couverture jaune, intitulé *Hymnes homériques*, me tombe dans les mains ; je l'ouvre et, pour la deuxième fois, je tombe dans un monde *autre*.

Je vais citer de mémoire (que le lecteur se rassure : je ne ferai que trois citations dans ce livre, dont celle-ci et, peu après, quelques lignes de Raymond Queneau) :

> Je chante Déméter aux beaux cheveux, elle et sa fille aux fines chevilles, qui fut ravie par le dieu des Enfers, du consentement de Zeus dont la grande voix gronde sourdement, cependant qu'en compagnie des jeunes Océanides à l'ample poitrine elle cueillait des fleurs dans une ample prairie : des roses, des crocus, de belles violettes et aussi le narcisse que Terre fit croître par ruse, afin de complaire à Celui qui reçoit bien des hôtes. La fleur brillait d'un éclat merveilleux et tout le vaste ciel en sourit, et toute la terre, et l'âcre gonflement de la vague marine. Mais la terre s'ouvrit et il en surgit, avec ses chevaux immortels, le Maître de tant d'êtres, le Seigneur de tant d'hôtes, le Cronide invoqué sous tant de noms.

Et le dieu des enfers enleva la vierge, pour faire d'elle la reine de l'empire des morts.

Et dans l'éternité je ne m'ennuierai pas

Ce sonore bibelot de beauté non abolie, ces divinités lumineuses qu'on n'adore pas, mais qu'on aime bien et qui ne font pas peur, ont scellé mon sort : ne me sentant pas les talents paternels de négociant, je deviendrais moi aussi professeur de lettres classiques. Car seule l'Antiquité païenne éveillait mon désir, parce que c'était le monde *d'avant*, parce que c'était un monde *aboli*. Tandis que le Moyen Âge n'a rien de romanesque ; il est chrétien et fait donc partie de notre monde ennuyeux. Si ma culture avait été plus étendue, peut-être aurais-je été séduit par le Japon, autre monde *autre* ; mais il n'y avait d'autre livre à la maison que les manuels scolaires, quelques romans policiers et, venu je ne sais d'où, un tome dépareillé du *Dictionnaire philosophique* de Voltaire dans une édition du XVIIIe siècle. La haute montagne, qui n'est que pentes, glace et roc, est aussi un monde autre, comme on verra.

Le livre jaune devint pour moi un objet de passion ; dès leurs jeunes années, d'autres enfants font de même, pour la vie, la découverte du jeu d'échecs ou, de nos jours, le maniement de l'ordinateur. Oui, l'érudition est ludique : elle est intéressante, mais n'a aucun enjeu matériel, ni moral, ni souvent esthétique, ni social ni humain, c'est une simple curiosité, mais compliquée, ce qui fait son intérêt et son plaisir. Le livre jaune de la collection Budé devint l'échiquier ou l'ordinateur d'un jeu ésotérique auquel je voulais apprendre à jouer. Sur les pages de droite figuraient les hymnes d'Homère en grec et en caractères grecs ; à gauche, en français, l'énigme de cette langue et de cette

Une vocation ludique

écriture était résolue : quelqu'un avait su traduire ; en bas des pages de droite, on apercevait quelques lignes énigmatiques en signes cabalistiques (cela s'appelle l'*apparat critique*) ; l'introduction savante du livre était non moins cabalistique.

Les professeurs sachant jouer à tout cela, je serai professeur. Le livre jaune était publié par une certaine Librairie des Belles Lettres qui était établie à Paris, 95 boulevard Raspail ; ce titre et cette adresse me devinrent augustes. Quand je serais grand, me serait-t-il donné de franchir ce seuil sacré et de publier un livre dans cette collection ? Eh bien oui, je viens de le faire, à l'âge de quatre-vingt-quatre ans, pour y publier Virgile.

Pendant la Première Guerre mondiale, quand cette collection Budé n'existait pas encore, le lycéen Raymond Queneau (il le dira dans *Chêne et chien*) s'était épris de la *Bibliotheca Teubneriana*, vaste collection savante d'auteurs grecs et latins, mais publiée, hélas, à Leipzig ; il souhaitait donc la fin de la guerre mondiale et la reprise du commerce international de la librairie.

Devenir professeur... En réalité, je ne pensais pas à enseigner, à faire classe, je me représentais plutôt une activité solitaire, inutile et analogue, mais en un genre inférieur, à celle des poètes et écrivains, augustes personnages dont les manuels de français, qui les célébraient, enseignaient aussi la biographie, ainsi que les mœurs : ils avaient des amours et ils « ne faisaient pas comme tout le monde », contrairement à ce que ma mère s'obstinait à vouloir que je fisse. Écrivains et professeurs étaient deux espèces humaines très inégales, mais apparentées : les immortels écrivaient des chefs-d'œuvre et les auteurs de manuels avaient pour métier, s'ils travaillaient bien, d'écrire des livres sur les immortels.

Mais enfin, ils écrivaient des livres, eux aussi, et ils avaient donc droit, à mes yeux, aux mêmes privilèges que les premiers : je n'avais que treize ans et déjà, dans mon imagination, mes futures amours allaient sans dire. Ce qui était paradoxal, car je suis très laid : sur mon visage dissymétrique, une rarissime malformation congénitale [1] relève en bosse ma joue gauche. Par chance, j'étais garçon et non fille. Si j'avais été femme ? J'en frémis rien que d'y penser : avec l'ennui que m'inspire toute société « normale » et avec cette laideur, toute carrière et tout désir m'auraient été difficiles. L'ambition déçue et la frustration amoureuse m'auraient fait frôler des extrêmes, suicide ou clochardisation.

La vie professorale, à mes yeux, avait encore un autre avantage : elle était tranquille, à la différence du métier de mon père et des professions politiques ou militaires, où l'on court des risques pour des objets certes capitaux, mais sans saveur à mon goût. Ce qui m'intéressait était l'érudition : elle est un « jeu de vérité » amusant, qui découvre, déchiffre, explique ou explicite l'inconnu ou le méconnu ; elle est donc prête à croire que toute « vérité » reçue a des chances d'être fausse, au risque de déplaire, de mettre l'opinion au défi.

Toutefois on ne peut gagner à ce jeu qu'à la condition d'en

---

[1]. Une *Leontiasis ossea*. Voyez Google.

Une vocation ludique

respecter la règle, qui est de dire vrai. Il y a quelques années, j'ai fait mon *mea culpa* ou autocritique sur *Les Grecs ont-ils cru à leurs mythes ?*, livre qui pourtant avait eu du succès ; ce n'était pas par coquetterie ni par angélisme, mais parce que chacun se donne la morale conforme à l'orientation de sa volonté de puissance. « Vous n'aurez jamais que la morale qui sied à votre force », dit Nietzsche.

Tels ont été mon destin et ma manie, comme dit le poète ; ma vocation, comme on dit naïvement. Elle était ludique (comme la manie des enfants pour les ordinateurs, je le répète) et rien qu'érudite, car je n'avais et n'aurai jamais rien d'un créateur. Bien qu'aimant la poésie, je n'ai jamais pu écrire un seul poème (alors que tel de mes amis, talentueux sociologue, est aussi, en secret, un poète authentiquement talentueux) ; j'ai essayé un jour d'écrire un roman et je me suis arrêté à la quatorzième page, tant je m'ennuyais au son de mes propres phrases.

Biographiquement parlant, je suis un produit de l'école, cet ascenseur social républicain. J'ai été le premier bachelier de ma famille, dont une partie prospère aujourd'hui aux États-Unis. Mon père, fils de paysan et nanti du certificat d'études primaires avec mention très bien, était devenu un négociant enrichi et réputé (dans sa ville, à Orange, son nom court aujourd'hui en grands caractères sur le fronton de l'Institut des vins). Il voulait qu'on lui succédât dans l'entreprise qu'il avait fondée ; il se désintéressa de moi, tout en restant libéral à mon égard : à trente ans, grâce à lui, je roulais en Mercedes, car il avait le geste large, le pourboire facile, et sa largesse avait fait son succès de négociant auprès de ses clients et fournisseurs.

Ma mère, fille d'une mercière, était déçue et dédaigneuse : j'avais tué le rêve d'ascension sociale qu'elle avait pour moi et pour elle-même ; au lieu de devenir médecin libéral, je ne serais jamais qu'un fonctionnaire, un petit prof avec les opinions de gauche qu'ils ont tous. Elle ne s'est pas tellement trompée. « Ce qu'il y a, c'est que tu aimes lire, mais que tu n'es pas intelligent », me dit-elle un jour avec dépit. « N'épouse jamais une femme comme ta mère », me dis-je *in petto*.

En ces années-là, c'était la guerre. Mon père était fils du peuple, mais aussi fils de ses œuvres, négociant enrichi, et le mot d'égalité le faisait ricaner. Il avait, pendant la Seconde Guerre mondiale, les mêmes opinions que le père de Queneau, autre commerçant enrichi, pendant la guerre précédente, en 1914 :

> Il préférait aux socialistes
> Les casques à pointe de là-bas.
> Il détestait les francs-maçons,
> Les juifs et les démocratiques,
> Horrible bande de coçons.

Les trois guerres franco-allemandes ont connu le même phénomène social. Au lendemain de la défaite de 1871 et de la Commune, les bourgeois disaient : « tout, et même les Prussiens, plutôt que la Sociale », au témoignage de Flaubert dans

Une vocation ludique

une de ses lettres. La « collaboration » des classes privilégiées est un des grands ressorts de l'histoire ; elle explique notamment la conquête romaine du Bassin méditerranéen.

En 1942, c'est la troisième guerre, j'ai douze ans et j'attends impatiemment, chaque matin, la nouvelle de la victoire allemande à Stalingrad, qui se fait attendre. Ma famille a quitté Aix pour aller habiter à Nîmes. Avec un vrai copain et même un ami, je suis ce jour-là dans une encoignure du musée archéologique de Nîmes, qui est installé dans un cloître. Autour de nous, des épitaphes gallo-romaines dont j'avais appris à déchiffrer le libellé et le système d'abréviations, quelques amphores et, dans sa vitrine, un squelette paléochrétien (il ne me fait pas peur, c'est de la science). Or je viens d'apprendre par *Gringoire*, journal d'extrême droite qu'on lisait chez moi, que les Anglais, peuple cruel, ont commis des atrocités quand ils ont écrasé certaine révolte des Cipayes. J'explique alors à mon copain, qui est « pour les Anglais » comme le sont la plupart des gens, qu'il vaut mieux être « pour les Allemands ».

L'opinion de cette majorité se lisait dans les rues, sur les murs des maisons, sous la forme de V tracés furtivement à la craie par des inconnus courageux ; c'était le V signifiant « victoire » que Churchill avait popularisé en levant une main aux deux doigts écartés. Cette « campagne des V » avait été lancée par la France libre dans son émission sur Radio Londres, qu'on écoutait le soir en tendant l'oreille, malgré la police et le brouillage des ondes. Cette campagne dont les historiens ne parlent guère fut la première et longtemps la seule manifestation visible pour tous d'un esprit de résistance.

Avant de quitter le cloître, je jette un regard aimant sur mon inscription romaine favorite. C'est un ex-voto, trouvé dans un village des environs et consacré à un certain dieu Létinnon *(Letinnoni deo)*, dieu gaulois, inconnu partout ailleurs ; or le village s'appelle Lédenon, et *Letinno* était donc le nom antique de ce village et de son dieu local. Serait-ce qu'il est émouvant de retrouver nos racines ? C'est l'inverse : Létinnon, fantôme venu de l'Ailleurs, était plus réel que Lédenon, village pareil à n'importe quel autre.

En 1943, l'amour de l'épigraphie romaine fit de moi un mineur délinquant. Je savais qu'il y avait une inscription antique dans un village voisin. Je m'y rends à bicyclette, l'inscription était sur la paroi d'une chapelle abandonnée et n'était pas scellée dans le mur. Je m'en empare, je la rapporte amoureusement chez moi sur le cadre de mon vélo et je l'installe à la place d'honneur, dans l'entrée de notre maison. Je n'ignorais pas qu'il faut toujours faire connaître au monde savant quel est l'emplacement d'une inscription, afin qu'un érudit puisse venir vérifier et éventuellement rectifier la lecture qu'en a publiée un premier érudit ; j'écrivis donc une lettre au directeur régional des Antiquités, l'abbé Sautel (le grand fouilleur de Vaison), pour lui faire connaître que l'inscription se trouvait maintenant chez moi. Et je publiais partout quelle était ma félicité.

Une vocation ludique

Ce que je ne savais pas était que la chapelle abandonnée et l'inscription avaient un légitime propriétaire ; quand un camarade me l'apprit, je refusai de restituer mon trésor. Crime passionnel. Un rapport de police fut fait sur mon compte, dont la réputation locale devint exécrable : « C'est un voleur intellectuel, ce qui est la pire espèce de voleurs » (on se souvient que *La Joconde* a été l'objet d'un vol). Trois ans plus tard, la guerre mondiale ayant pris fin, un homme en uniforme, un officier français, sonne à notre porte. « Je viens reprendre ce qui m'appartient », dit-il, glacial ; il s'empare de l'inscription, qui était dans l'entrée, et sort sans un mot. En vain mon père, fier de ma jeune vocation, lui disait-il que j'avais pris le plus grand soin de cette pierre.

En la même année 1943, j'avais déchiré un tract de la Résistance, punaisé à un arbre, en face du lycée, car j'avais les mêmes opinions que mes parents, comme tous les enfants sans doute ; mais, de plus, je voulais ambitieusement me conduire déjà comme une grande personne.

Mon père, lui, aurait amèrement soupiré à la vue du tract, mais se serait gardé d'y toucher. Il appartenait à cette opinion publique minoritaire qui était favorable à la collaboration avec l'Allemagne, mais il se gardait prudemment de « faire de la politique », car les affaires sont les affaires. Certains politiciens collaborateurs voulaient établir en France, grâce à l'occupation nazie, un régime fasciste ou au moins un régime autoritaire comme dans l'Espagne de Franco. La minorité qui était d'opinion collabo était mue par la haine du communisme et du Front populaire [1] : grâce à la présence allemande en France, on avait un gouvernement à poigne, et plus de grèves. Mieux valait Hitler que Léon Blum.

En même temps, mon père prêchait le patriotisme, mais d'un ton agressif, visant ces ouvriers qui ne pensaient qu'à leurs congés payés et non à la Patrie. Quant à ma petite personne, elle était collabo par mimétisme familial ; j'étais fier d'avoir des opinions qui différaient de celles de la plupart de mes camarades. Aujourd'hui, je repense à tout cela avec remords et un haussement d'épaule. Une question me taraude : quel homme serais-je devenu si les nazis avaient gagné ? Quelles seraient aujourd'hui mes opinions, ma morale ?

Parlons d'autre chose, parlons plutôt de mon ascendance, dont je suis fier, car, dauphinoise d'un côté, elle est piémontaise du côté maternel. Oui, du sang italien coule dans mes veines. Vers 1780 (j'ai de vieux papiers), mes ancêtres paternels étaient des paysans de la région des Baronnies, dans la Drôme ; une « veine », d'où notre nom, a désigné un filon de bonne terre arable, avant de se dire d'un filon minier. Un de mes grands-oncles, devenu instituteur, était un « conteur de village » renommé dans les veillées ; il y racontait *Les Trois*

---

[1] De même, c'est par anticommunisme, je suppose, que la majorité de la population allemande a voté pour Hitler, plus que par adhésion à l'idéologie nazie proprement dite ; l'égoïsme de classe a fait triompher la peste brune et la mort nazie. C'est aussi banal et bête que cela. Je ne crois guère à une spécificité de « l'âme allemande », à un *Sonderweg*. Le cas des intellectuels, Heidegger et consorts, est autre chose.

Une vocation ludique

Mousquetaires à des illettrés (de nos jours, au Brésil, à Bahia du moins, on trouve de tels conteurs dans les jardins publics, me disait ma défunte femme). Nous n'avons pas de lien, que je sache, avec le docteur Veyne, ce lettré qui soignait Sainte-Beuve de ses maladies vénériennes.

Le pays est pauvre et, vers 1900, mes grands-parents sont descendus au sud du mont Ventoux pour chercher fortune et la trouver dans la basse Durance, qui venait de devenir la plaine des primeurs et les expédiait par chemin de fer ; comme on voit, ce n'était pas de l'« exode rural » vers les villes et la prolétarisation, mais un mouvement interne au monde rural. Ma grand-mère, paysanne de conviction républicaine et anticléricale, femme intelligente et dure, formée par l'école primaire, connaissait le nom de Jean-Jacques Rousseau et le prononçait avec respect ; elle était un échantillon de ces « nouvelles couches sociales » dont parlait Gambetta vers 1880 et qui formeraient désormais l'assise de la définitive République.

Du côté maternel, il y a les réalités et un souvenir légendaire. Mon plus ancien ancêtre de moi connu, Michel Amédée Monetta, né « à Aoste (Piémont) en 1831 » selon l'état-civil français, habitait Gémenos, dans le Var, et avait épousé une Française. Son fils, Joseph Amédée Monetta, devenu français par *jus soli*, est qualifié de « fils d'étranger » et de « papetier » sur son livret militaire français.

Il avait épousé en 1896 Marie Antonia Lamberto (ou Lamberti), ma grand-mère très aimante et très aimée de moi. Elle me racontait que son propre père venait d'une cité qu'elle appelait « Cougni », ce que j'ai su plus tard être, en dialecte, le nom de Cuneo (ou Coni), dans le Piémont. Assez instruite pour être gérante, à Aix, d'une boutique de corsets, elle parlait le français et le provençal et ignorait l'italien, sauf qu'elle ne disait pas « oui », mais « si ». Ses filles tenaient une mercerie, voisine de la boutique. Toutes trois se sentaient françaises et n'avaient que mépris pour les immigrés pauvres et braillards, les Italiens, qu'on appelait les *Bàbi* ; on leur parlait d'un ton méprisant, tandis qu'on parlait d'une voix flûtée aux clientes issues de la magistrature aixoise.

Ma grand-mère me racontait une circonstance ancienne où il fallait écrire « oui » sur un grand registre ; si l'on écrivait « non », on allait en prison. Et, à Fréjus, affirmait-elle, l'un des siens, recherché par les gendarmes, avait vécu deux ans au fond d'une cachette aménagée dans un puits. Le lecteur a reconnu le coup d'État de Napoléon III, le plébiscite de 1851, le soulèvement du Var (qui, comme Paris, s'était révolté contre l'Usurpateur) et la répression qui suivit. Le grand helléniste suédois Martin Nilsson raconte que sa grand-mère, illettrée, lui avait montré près de son village l'endroit « où Wallenstein avait campé avec son armée », deux siècles et demi plus tôt, donc. Elle ignorait qui était cet homme, ce qu'il était venu faire, et ne se souciait pas, j'imagine, d'en savoir davantage : le fait brut suffisait, c'était un petit savoir-joyau qui roulait dans les doigts et qu'il fallait transmettre.

Quant à moi, la naissance m'a fait compatriote de Cézanne. De mes toutes premières années, il me reste un de ces rares

Une vocation ludique

souvenirs isolés dont parlent les psychologues de l'enfance, une sorte de bloc erratique : je marche à pas chancelants, je sais à peine me tenir debout et devant moi se dresse une géante bienfaisante, ma grand-mère, qui me montre et me tend un biberon en souriant ineffablement. C'est grâce à elle que j'ai su le provençal ; je suis un des derniers humains qui ait pu lire dans le texte la *Mireille* de Mistral (et en réciter de mémoire quelques strophes harmonieuses). Pour l'enfant de six ans que j'étais, le provençal était la même langue que le français, puisque le sens était le même, mais c'était du français vieilli comme le visage de celle qui le parlait.

Lorsque j'accompagnais à travers Aix ma grand-mère qui allait livrer un corset à une dame et que nous passions devant l'entrée d'une rue sordide qui longeait l'ancien rempart, elle m'y désignait, avec une crainte respectueuse, une demeure lépreuse qui était « la maison du bourreau ». Ou encore, elle me racontait admirativement qu'autrefois l'archevêque d'Aix, Arles et Embrun avait pour maîtresse une dame de la noblesse aixoise ; car les Grands sont prestigieusement supérieurs à la morale exigée des petites gens. J'étais heureux avec ma grand-mère, nous nous aimions, ce genre de vie et ce milieu social me suffisaient, étaient normaux, je n'avais ni ambition ni frustration, je ne désirais rien de plus.

Cela se passait ou se disait dans la France de 1938 qui était trois fois moins riche que la France actuelle et qu'on retrouve dans les « classiques » en noir et blanc pour ciné-clubs. Le monde comprenait trois grandes puissances, la France, l'Alle-

Et dans l'éternité je ne m'ennuierai pas

magne et l'Angleterre, des colonies avec leurs « indigènes » et de grands enfants amicaux et lointains, les riches Américains. Il y avait des cérémonies civiles et religieuses, beaucoup de revues militaires et des grévistes qui défilaient en levant le poing (on parlait autour de moi, en soupirant, d'un mystérieux « Front populaire »). Nous jouions aux billes sur la chaussée d'une rue commerçante, car il ne passait pas plus d'une automobile par heure.

Les gens qui comptaient, je les voyais au cinéma ; ils habitaient de riches demeures dont je ne savais pas si elles existaient réellement ou si c'était l'idée platonicienne de la demeure, ils parlaient avec aisance et distinction, sans accent, de sujets élevés ou galants et leurs téléphones n'étaient pas noirs d'ébonite, comme les nôtres, mais blancs. Les historiens du cinéma parlent aujourd'hui des « films à téléphone blanc ».

Lorsque je me situais dans le temps, je pensais avec étonnement que, dans un avenir déjà prévisible, on changerait de millénaire et que le chiffre 2 remplacerait notre 1 qui durait depuis si longtemps. Ma mère m'avait dit qu'en cet An 2000 l'homme serait sûrement allé sur la lune et qu'il existerait des « hélicoptères » et la « télévision ». En 1938, mon père me disait avec un drôle de rire que des savants, des physiciens, faisaient de drôles d'expériences où ils risquaient de faire sauter notre planète.

Par malheur, pour le temps présent, une menace tout autre était dans l'air, il allait sûrement y avoir une guerre, on le disait en soupirant, et je savais, par l'histoire de France, qu'une guerre

Une vocation ludique

(celle de Cent Ans) veut dire famine. Je suis allé compter le nombre de pommes de terre dans la cave, en estimant notre survie à une pomme par personne et par jour ; je n'ai pas pensé à nos voisins. Chaque matin, on m'envoyait acheter le journal que je dépliais d'un coup pour voir si les mots « la guerre est déclarée » n'explosaient pas en première page. Le pire était la passivité des grandes personnes, qui en devenaient veules, se complaisaient à l'être et perdaient le respect de leurs jeunes rejetons.

Ce n'est pas tout : les grandes personnes récriminaient contre la présence en France de trop d'étrangers, causes de tous les maux. Mais, chose curieuse, elles en reparlaient sans cesse, hors de propos et à propos de tout, comme si cette idée, loin de les accabler, les soulageaient. Pourquoi donc ? Les enfants sentent ces fausses notes et j'étais intrigué. Le sentiment m'en est resté que les lieux communs auxquels une société se complaît amèrement sont creux. Qu'il est vulgaire, répétitif de maudire son temps.

II.

Adolescence en Provence occupée

PENDANT LA PREMIÈRE ANNÉE du conflit (la « drôle de guerre » de 1939-1940), j'avais été très patriote, comme tous mes camarades, à l'instigation de notre instituteur, un vieil Alsacien de Sarreguemines, replié d'autorité dans le Midi. Je le bénis de m'avoir conseillé de prendre l'allemand et non l'anglais comme langue vivante lorsque j'entrerais en sixième, car il faut apprendre la langue de l'ennemi. Malgré le nazisme (il ne s'est peut-être pas passé un jour de ma vie que je n'aie pensé à Auschwitz), je suis devenu et suis resté germanophile, autant que je suis américanophile. L'Allemagne, en ce temps-là, était encore l'Athènes de l'Europe ; et puis l'allemand était la langue de la science de l'Antiquité, de l'*Altertumswissenschaft*.

Mais on était en guerre et mes jeux d'enfant sont devenus guerriers. Quels jeux ? Foncer sur l'ennemi, baïonnette au canon ? Sauf en montagne où tout m'est joie, je suis froussard (c'est pourquoi j'admire les militaires).

Malheureusement pour moi, en 1940, c'était la bagarre. Alors je me suis fait kamikaze. Dans la boutique de ma grand-

Et dans l'éternité je ne m'ennuierai pas

mère, chaque corset à vendre était placé dans une longue boîte de carton, étiquetée à ses références. J'ai vidé de leur corset un nombre suffisant de ces boîtes et j'en ai construit une fortification allemande où je me suis adroitement introduit, bardé d'explosifs. Je me suis fait sauter avec la casemate [1], ouvrant ainsi à nos troupes la route de la victoire et laissant à ma grand-mère le soin de replacer chaque corset dans la boîte adéquate.

La France fut vaincue en juin 1940, et j'entrai en classe de sixième en octobre. Il y a soixante-quinze ans de cela, l'enseignement secondaire n'était devenu gratuit que depuis peu d'années, et l'admission restait subordonnée à un examen d'entrée en sixième, où j'avais eu de la chance. Notre professeur était un homme remarquable, Jean-Paul Coste (le Centre culturel d'Aix porte maintenant son nom), qui savait communiquer ses ferveurs. Je décidai donc que je deviendrais une personne cultivée ; dans cette entreprise solitaire, je lisais tant que je pouvais et je tâchais également de m'initier à tout. Docilité de bon élève ? Orgueil ? Idéal du moi ? Distinction, selon Bourdieu ? Passage de la puissance à l'acte où l'on prend forme ?

Je mis donc à la radio, un jour, une certaine *Sonate au clair de lune* de ce Beethoven dont j'avais appris par mes lectures que c'était un grand compositeur ; la sonate souleva autour

---

[1]. Sartre voudra faire comme moi, si ma mémoire est bonne. Ne se sentant pas l'étoffe d'un guérillero, il a offert à la Résistance de se faire sauter avec une bombe dans une fortification allemande. Un jour où j'en parlais à Raymond Aron, celui-ci a haussé les épaules : « Si on lui avait confié une bombe, il se la serait fait sauter dans les doigts, sans profit pour personne. » Les deux « petits camarades » ne s'aimaient guère, on le sait.

Adolescence en Provence occupée

de moi des protestations : « Laisse tomber cette musique d'Église ! » Mais je n'avais par avance que dédain pour les flonflons populaires et les chanteurs à la mode. « Ma musique à moi sera la classique », dis-je avec décision et élitisme.

Je tombais mal : les protestataires, eux, aimaient la musique, fût-elle populaire, tandis que je ne l'aimerai jamais, même classique. Mon frère sera mélomane et en parlera fort bien. Quant à moi, bien plus tard, vers la soixantaine, je ferai de grands efforts pour devenir mélomane et plaire à ma compagne. J'écouterai beaucoup de musique, mais en vain : je saurai en juger, distinguer la bonne de la moins bonne, je mettrai au-dessus de tout les derniers concertos de Mozart, j'admirerai la *Sonate Hammerklavier* et je promettrai à la postérité le *Requiem* de Ligeti, mais, comment dire ? je ferai cela avec indifférence. Aussi ai-je renoncé depuis longtemps à mettre dans mon électrophone la sonate K 526 de Mozart ou tout autre disque, car, au bout d'une minute d'attention et même de plaisir, je cesserai de prêter l'oreille et penserai à autre chose.

J'ai eu plus de chance avec la peinture et la sculpture, qui avaient attiré et retenu mes regards dès la prime jeunesse, lorsqu'il m'en tombait sous les yeux (toutefois, mon sens des couleurs sera toujours insuffisant). Le gros de ma culture juvénile demeurait littéraire ; les bibliothèques publiques contenaient peu de coûteux livres d'art ni ne comportaient de discothèque.

Les années 1950 virent deux révolutions en matière d'édition : les livres d'art de chez Skira, où les reproductions de tableaux étaient en couleur et non plus en noir et blanc. Quant aux disques de musique, c'étaient jusqu'alors des « 78 tours » et il fallait onze disques pour écouter tout au long la *Neuvième Symphonie*. Avec l'invention du disque longue durée, comme on disait, il n'en fallut plus qu'un seul. Innovation qui déclencha une plaisante épidémie, celle d'un disque des *Quatre saisons* de Vivaldi, qui furent redécouvertes à cette occasion.

Les beaux-arts n'étaient guère accessibles qu'à la classe élevée, qui ne l'ignorait pas. Apprenant que je travaillais bien à l'école, un monsieur au service de qui travaillait ma grand-mère a estimé qu'il était de son rôle de me prêter quelques livres d'art de sa belle bibliothèque. Et, en face du lycée, une librairie affichait une grande reproduction en couleur de Joan Miró, dont l'abstraction lyrique fascinait tout de suite un enfant inculte qui n'avait pas de principes académiques. Il y a bien un musée des Beaux-Arts à Nîmes, mais, sous Pétain, son accès était interdit aux mineurs parce qu'on y voyait des nudités.

Une compensation me vint d'un autre côté, celui du cinéma, qui, dans les années 1940, a été reconnu comme septième art. Les Français ne sont jamais allés aussi souvent au spectacle que durant les années grises ou noires de l'Occupation. Si l'on était patriote, on évitait les films allemands en version française dont la Tobis Klangfilm inondait nos écrans ; films rusés, car distrayants et dépourvus de propagande, à l'exception du *Juif Süss*. Les nombreux films français étaient de sottes comédies ou de lourds mélos.

Adolescence en Provence occupée

La surprise fut créée par un film qui se passait au Moyen Âge, *Les Visiteurs du soir* de Prévert et Carné. J'en fus enthousiasmé et les éloges qu'en faisait la presse me confortèrent dans mon sentiment ; de ce jour, le cinéma est devenu pour moi une part intégrante de la culture, bien que ce film déçoive aujourd'hui quand on le revoit. Au lendemain de la Libération, *Les Enfants du paradis* seront salués comme le chef-d'œuvre du cinéma ; le mérite en revenait-il à Carné ou à Prévert ?

Mais j'anticipe : la guerre mondiale n'en continuait pas moins et, en France, c'était l'occupation allemande. Depuis novembre 1942, la moitié sud de la France était militairement occupée, à son tour. Les Allemands réquisitionnèrent, pour s'y installer, des lycées, de grands hôtels ; ils ouvrirent dans les villes des cinémas à eux réservés *(Soldatenkinos)*, des librairies allemandes, des bordels. On les rencontrait partout, ils se promenaient dans la ville deux par deux, ils faisaient des achats dans les boutiques. Des regards les suivaient, de haineuses réflexions faites à voix basse ; au village, on les faisait en provençal. C'étaient de vieux mobilisés, parfois craintifs, des pères de familles, des boutiquiers (les jeunes se faisaient tuer sur le front russe).

Chaque jour un de leurs bataillons traversait la ville en marchant au pas et en chantant un air, toujours le même. Cet air est resté dans toutes les mémoires et on l'entend aujourd'hui dans tous les films d'histoire sur l'Occupation. Je me suis aperçu un jour que les vers et les strophes de cette chanson militaire s'adaptaient parfaitement aux six décasyllabes de chacune des strophes du *Cimetière marin*, qui, depuis, chante dans ma tête sur cet air.

Autre signe des temps, les lettres de dénonciation de Juifs envoyées à la police ; les postiers de mon village de Bedoin arrêtaient ces lettres, les détruisaient, comme ils me l'ont raconté bien après.

Dès 1943, les troupiers allemands savaient qu'ils n'étaient pas les plus forts. Dans un train, à l'indignation des autres voyageurs, j'ai engagé la conversation avec mon voisin de wagon, un militaire du rang ; il me disait tranquillement que les Américains étaient plus forts qu'eux, il me citait des chiffres, de gros calibres d'obus. Pour les relations franco-allemandes, sa référence décisive était le traité de Verdun, en 843.

C'était l'année de Stalingrad et, dans la France occupée, la population souffrait des restrictions alimentaires. Je n'en ai pas souffert, car mes parents se fournissaient au coûteux « marché noir » ; cela se savait, nos voisins nous haïssaient et me le disaient en face. Notre femme de ménage, trop pauvre pour acheter le journal quotidien (ce détail me surprit et me fit entrevoir ce qu'est la pauvreté), avait faim ; elle savait pourquoi et tout le monde le savait : « Les Boches prennent tout », afin que leur propre population ne souffre pas de restrictions alimentaires.

Nous-mêmes ne l'ignorions pas : mon père était sous-directeur dans une société vinicole dont des officiers allemands venaient acheter le vin, qui avait bonne réputation ; ils le payaient grâce à l'argent que l'Allemagne prélevait chaque mois sur les finances publiques françaises aux termes de la convention d'armistice. Après la guerre, l'un d'eux revint en acheter, mais à titre privé et sans uniforme.

On a écrit quelquefois que, pendant la guerre, la masse de la population française se souciait plus des restrictions que de l'Occupation et de la défaite. Ce n'est pas aussi simple : après la guerre, ladite masse, quand on l'interrogera, *parlera* beaucoup des restrictions, mais pensera « occupation » ; on n'accusait pas les Allemands de n'être que des affameurs, on savait fort bien qu'ils ne pouvaient affamer que parce qu'ils étaient les maîtres. Les restrictions n'étaient que la preuve la plus palpable de leur domination.

Ils en donnèrent une autre sorte de preuve quand, à Nîmes où nous habitions, ils laissèrent le soin de mettre à mort trois jeunes résistants à un tribunal français d'exception, créé par Pierre Laval à la fin de la guerre. Notre femme de ménage arriva chez nous bouleversée de douleur à cette nouvelle ; mais, n'osant montrer son chagrin, car elle connaissait nos opinions, elle affecta d'avoir peur des vives réactions que ces trois mises à mort risquaient de provoquer dans la ville (réactions qu'elle souhaitait *in petto*, comme je le devinai). Les trois malheureux furent guillotinés, à la française, derrière les hautes murailles du Palais de justice et non à la vue de tous. Aujourd'hui, une plaque commémorative...

En un mot comme en cent, la masse de la population française était patriote et haïssait les occupants. Elle n'était pas

« attentiste », quoi qu'on ait dit, mais impuissante (la Résistance a été le symptôme de ce patriotisme, mais les libérateurs sont les armées anglo-américaines). Les gens n'étaient pas antinazis, car ils n'avaient pas d'idées : ils n'étaient que patriotes, ils haïssaient l'ennemi sans faire de phrases. Les gens du peuple ressentent fortement les cas individuels et les sentiments simples, mais laissent aux manuels scolaires et aux journaux le droit de parler idées. Ils parlent de ce qu'eux-mêmes ont vu ou vécu. Dans *Les Années*, Annie Ernaux raconte qu'après la guerre les siens disaient qu'Untel avait été déporté, mais ne mentionnaient jamais l'événement appelé déportation. Trois ans plus tard, une conséquence de mon changement de milieu social sera que je commencerai à penser par événements et idéologies.

Revenons à ma treizième année. Au début de l'an 1944, je découvre le manque d'intérêt de l'existence des grandes personnes en lisant et relisant *L'Éducation sentimentale* (qui demeure le livre que j'aurai le plus lu et relu au monde, y compris, une fois, en traduction allemande). Puis je constate, en voyant des maquisards, que tout n'est pas vain et que certains ont de l'idéal. Me voilà embarrassé ; le lecteur le sait déjà, je règlerai cette question trois ans plus tard.

« Presque toutes nos vacations sont farcesques », écrit Montaigne. Flaubert va plus loin. Son *Éducation*, roman schopenhauerien sans le savoir, s'empara de moi par ce qui rebute beaucoup de ceux qui l'ouvrent : les héros de ce roman, industriels, journalistes, coureurs de dot, rentiers ou bons à rien, sont tous insignifiants et leur vie ne l'est pas moins (auraient-ils réussi). L'implacable et monotone avancée du récit est pareille au piétinement de piétons sur les Grands Boulevards : ce roman, écrit Proust, est « un trottoir roulant au défilement continu, monotone et morne». Et il s'achève sur un zéro final [1].

Flaubert se disait *in petto* : « La seule chose qui ne soit pas nulle, c'est l'Art, c'est d'écrire *L'Éducation sentimentale.* » Nous qui ne sommes pas artistes vivons dans une plate nullité. J'en crus Flaubert sur ce point : aucune existence, la mienne comprise, aucune carrière, aucune vocation n'était sérieuse en comparaison de... De quoi ? De l'Absolu ? Les cours de catéchisme avaient glissé sur moi comme l'eau de pluie sur un ciré [2]. Non, *L'Éducation* n'est pas le tableau un peu ennuyeux de la société dans le second tiers du XIXe siècle, ni le récit plutôt longuet d'un amour platonique : c'est le constat de la nullité de toute existence, réussie ou ratée.

---

1. Contrairement à la légende, la dernière rencontre entre Frédéric et Mme Arnoux est un morne échec de plus, un zéro qui envoie au néant leurs longues années d'amour platonique, comme l'a heureusement montré Jean Borie dans *Frédéric et les amis des hommes*, Paris, Grasset, 1995, p. 261-266.

2. Je suis baptisé et ma mère m'a fait faire ma première communion. Elle-même se bornait à dire qu'il fallait respecter la religion et à protester contre les propos anticléricaux de mon père. Elle n'allait jamais à la messe, ne parlait jamais de religion et ne priait jamais. D'après ce que j'ai pu voir, un bon nombre de catholiques de notre milieu étaient comme ma mère. Se considérer comme croyant faisait partie des convenances. Mon père lui-même trouvait impensable qu'un nouveau-né ne fût pas baptisé.

Et dans l'éternité je ne m'ennuierai pas

Si le lecteur comprend cela, l'énigmatique dernière phrase du roman s'éclaire. Lorsqu'ils étaient adolescents et collégiens, les deux héros du roman, s'étant enhardis, avaient entrepris d'aller au bordel ; mais, au moment crucial, intimidés, ils prirent la fuite. Un demi-siècle plus tard, les deux vieillards, récapitulant ce qu'avait été leur existence, évoquent cet épisode de leur jeunesse et le jugent ainsi : « C'est là ce que nous avons eu de meilleur. » Telle est cette dernière phrase, et sa signification est évidente : si un néant aussi insignifiant qu'une virée ratée de deux collégiens au bordel est ce que ces deux vieillards ont eu de meilleur, qu'avait donc été tout le reste de leur longue existence ? Moins encore qu'un néant.

Si ma mère avait connu mon interprétation de *L'Éducation*, elle m'aurait reproché de manquer d'ambition, alors que *L'Éducation* m'avait paradoxalement pénétré d'une certaine ambition : j'étais résolu à me consacrer à une chose qui n'était rien aux yeux de ma mère ni de l'Absolu : à m'occuper de ce que moi je trouverais « intéressant ». Moi, dis-je, et c'était assez.

Or qu'est-ce que l'intéressant ? C'est un de nos principaux mobiles, il explique une bonne part des conduites humaines, culturelles et autres, bien qu'il soit souvent oublié dans les énumérations. D'accord, le sexe, l'argent, le pouvoir... L'intéressant, lui, ne s'explique par rien, il n'est pas utile, ni égoïste, ni altruiste, il n'est pas nécessairement rare, plaisant, élevé, précieux ou beau : l'intéressant est désinté-

Adolescence en Provence occupée

ressé, nous avons avec lui la relation purement objective [1] dont parle un des grands philosophes allemands du siècle passé – non, ce n'est pas Heidegger, cet ex-chrétien qui, comme saint Augustin, condamne la vaine curiosité, mais bien Georg Simmel. L'humaniste Pétrarque la condamne aussi ; fier d'avoir fait (comme moi) l'ascension du mont Ventoux, il ne s'en blâme pas moins de cette vaine entreprise, dépourvue de piété.

Un chercheur, un historien est mû par la valeur de l'objet « vérité », sans que s'y mêle l'idée d'un quelconque profit pour qui ou quoi que ce soit. Ce qui peut déplaire à des croyants ou à un gouvernement. Il demeure que cet intérêt désintéressé est peut-être le point le plus élevé que puissent atteindre les animaux supérieurs. Tous ont l'étrange faculté de s'intéresser à ce qui ne leur sert à rien. Les chiens de traîneau tirent passionnément leur traîneau et le sort de l'humanité est ce qu'il est parce que la majorité des hommes travaillent pour vivre, certes, mais en outre, dans leur majorité, s'intéressent peu ou prou à leur travail.

---

[1]. Quand on a une relation objective avec l'Antiquité romaine, les timbres-poste ou le football, on ne se demande pas si cela doit apporter plaisir ou avantage à qui que ce soit ; on aime, c'est tout. Pour Husserl, la curiosité est un des trois instincts fondamentaux, avec l'instinct de conservation et l'instinct grégaire. Déjà les animaux supérieurs, par curiosité, explorent l'espace au-delà des limites de leur territoire utile. Par ailleurs, comme certains animaux, les hommes vivent en troupeaux, appelés nations, patries, « identités », etc. Une autre particularité humaine est que les hommes et les rats sont les deux seules espèces vivantes qui sont capables de mettre délibérément à mort un de leurs congénères (Raymond Aron, *Paix et guerre entre les nations*, Paris, Calmann-Lévy, 1962).

Et dans l'éternité je ne m'ennuierai pas

Vers la même époque, des idées nouvelles présentent leur candidature dans ma tête. Nous sommes au début de l'année 1944 et, un soir, mon père, l'air grave, revient à la maison avec une nouvelle surprenante : un de ses meilleurs employés, un homme sérieux, venait de disparaître en laissant une lettre : « Je me sens le devoir de rejoindre la Résistance et je compte sur vous pour continuer à verser à ma femme mon salaire mensuel. » Chose curieuse, mon père, à en juger d'après son ton de voix, était dépassé : il ne condamnait ni ne déplorait la chose, il était impressionné. Quelques jours plus tard, un de nos voisins, un commissaire de police qui habitait à l'étage au-dessous, était arrêté par la Gestapo.

Avec ma rage d'être au-dessus de mes treize ans, j'avais fait amitié avec quelques adolescents, bacheliers ou même étudiants, qui acceptaient ma présence à leur côté. Ils m'instruisaient, ils savaient ce qu'était le freudisme, ils me prêtaient un livre à succès, *Le Mythe de Sisyphe*, auquel je ne comprenais rien. L'un d'eux m'apprit qu'il était délicieux de couvrir de baisers *tout* le corps féminin, un autre disait sa répugnance. Un autre encore, Marc Echenoz, courtois, cultivé, mélomane, travaillait comme ouvrier dans une fabrique de balais, pour n'être pas envoyé de force dans une usine allemande au titre du STO, cette mise en esclavage de la jeunesse européenne par les nazis.

Un beau jour Echenoz et moi rencontrons un sien camarade de collège qui nous apprit qu'il venait de s'engager dans la Milice, organisation paramilitaire qui était chargée de donner

Adolescence en Provence occupée

la chasse à la Résistance. C'était violent, disait-il ; il avait vu son chef, Joseph Darnand (qui sera fusillé à la Libération) passer avec sa traction-avant sur le cadavre d'un maquisard abattu. Ce garçon n'affichait pas de convictions politiques, tout au plus préférait-il l'ordre au désordre ; en un mot, il était banal, normal, sauf qu'il avait le goût de la violence : de nos jours, il se serait agrégé à un groupe de *skinheads* ou de supporters de foot bagarreurs. Je préfère ignorer ce qu'il est advenu de lui.

De mon côté, un matin de juin 1944, en arrivant au collège, j'apprends que, la veille, les Allemands ont fusillé plus de soixante otages dans la bourgade voisine de Valréas. Mes camarades et moi n'étions ni surpris ni très troublés : c'était la guerre et nous savions de quoi la Wehrmacht était capable.

Quand c'est la guerre, dès le premier jour chacun sait fort bien que la vie humaine, cent vies, mille vies ne valent plus rien. Pour fuir Nîmes, où un premier bombardement avait fait plus de deux cents morts, ma famille s'était repliée dans un village au pied du mont Ventoux ; je n'ai donc connu la guerre que de loin. Du haut d'une colline, un matin, j'aperçois à l'horizon un gigantesque champignon d'un blanc léger qui s'élevait dans le ciel : Arles était bombardée. En général, l'opinion n'en voulait pas trop aux Américains [1] : la faute en était à la guerre même, à la fatalité et à l'ennemi allemand.

---

1. Deux anecdotes, un peu longuettes. Du haut de la colline, deux cultivateurs qui sont nos voisins et moi-même regardons au loin une escadre aérienne qui bombarde Avignon (les bombardements des gares, ces nœuds de communi-

Et dans l'éternité je ne m'ennuierai pas

Ma mère, prévoyante, m'envoie prendre des leçons d'anglais auprès d'un professeur replié aux environs du village. Les horreurs d'Oradour-sur-Glane, femmes et enfants brûlés vifs par les nazis, avaient été connues partout, grâce aux journaux clandestins de la Résistance. Lorsque, la leçon terminée, je retournais à la maison, je jetais d'abord un coup d'œil dans la direction du village, pour voir si une colonne de flammes et de fumée ne s'élevait pas au-dessus de son emplacement.

D'après le peu que chacun pouvait en voir, la grande tâche de la Résistance paraît avoir été de gêner les communications allemandes. À Nîmes, la nuit, parfois, une sourde explosion réveillait la ville : la Résistance venait de faire sauter en gare un train pour l'Allemagne. Alors, pour faire garder les voies ferrées que les résistants faisaient sauter aussi, l'occupant réquisitionna des hommes, des Français, des civils (c'est un des petits faits dont était composée la vie quotidienne). Dans la campagne, les réquisitionnés étaient mis de garde, pour une nuit, le long des rails, à peu de distance l'un de l'autre ; l'homme

---

cations, préparaient le débarquement en Normandie, mais ils étaient imprécis). Touché par un obus de la FLAK, un des appareils commence à perdre de l'altitude. Au cinéma, quand un avion tombe, le pilote saute en parachute. Mais, là, personne n'a sauté et l'appareil s'est écrasé au sol avec son équipage. C'était le sort d'un bombardier sur douze à chaque raid aérien. « C'est bien fait pour ces salauds », dit un des voisins. « Eh non », réplique l'autre d'une voix décidée et molle à la fois, pour ne pas entamer une querelle de fond.

Une autre fois, j'assiste à l'arrivée d'un autocar en provenance d'Avignon qui venait justement d'être bombardée une fois de plus. Le chauffeur, dans son enthousiasme, fait une déclaration publique : « Cette fois, ils les ont bien eus ! Ils ont tapé juste où il fallait ! Ce coup-ci, c'est parfait ! Dites-le bien partout ! »

Adolescence en Provence occupée

serait fusillé si un attentat était commis sur la portion de voie ferrée dont il avait la garde.

Le débarquement du 6 juin 1944 venait d'avoir lieu en Normandie, comme je l'appris le lendemain matin en arrivant au collège. Les maquis du Midi de la France reçurent, du Conseil national de la Résistance, l'ordre de rafler toutes les autos encore disponibles, afin de ralentir les communications de l'ennemi et d'empêcher les troupes d'occupation d'aller vite rejoindre celles qui, dans le Nord, tentaient d'arrêter les libérateurs américains. Un petit groupe de maquisards vient au village se saisir de notre auto ; il était commandé par un grand type entouré d'hommes armés, un homme visiblement instruit, qui, d'un ton autoritaire et méprisant, réclame à mon père la clé de l'auto.

Mon père se met à faire le pitre, pour insinuer que tout cela n'était que pitrerie, tant d'un côté que de l'autre. Il bouffonnait amèrement, en proie à un mélange de peur, de haine et aussi d'humiliation : il était en face d'un homme qu'il savait ou sentait lui être supérieur par son arme et aussi par sa qualité humaine. Ainsi donc, pensai-je, lui-même reconnaît une sienne médiocrité ? Sept ans plus tard, en 1951, devenu grand (je venais d'être admis à l'École normale supérieure), j'estimerai avoir le devoir, sinon le désir, de prendre ma carte du Parti communiste, auprès de la cellule de l'École ; je la prendrai, mais en bouffonnant, moi aussi : j'affecterai d'être ivre.

Mais pour l'instant, en 1944, ne partageant plus les opinions de mon père, je ne pensais rien, je n'avais plus d'opinion sur rien, si bien que j'ai raté la vraie joie de la Libération, la joie de voir la peste nazie en cours d'écrasement. J'étais simplement soulagé de voir que, pour nous, la guerre était finie, grâce à ces Américains qui étaient des gens comme nous, des amis. J'ai assisté à la morne retraite pédestre des Allemand. Tout le long de la grand-route, les gens du village, en une longue file silencieuse et craintive, les regardaient s'en aller ; mais une Alsacienne, bras croisés, tête haute, les toisait au passage. J'ai assisté au délire de joie patriotique qui a accueilli dans mon village, le 22 août 1944, les Canadiens qui nous libéraient.

III.

Le métier d'élève

ON SE REMETTAIT À VIVRE, on pouvait à nouveau voyager. Pour un Méridional comme moi, un marginal de la France, la vraie nation française commençait à Lyon, grande ville comme il n'en existait pas chez nous (Marseille nous était trop familière pour être considérée comme grande). Je me suis rendu à Lyon où j'ai eu des émotions : j'ai ramé sur le bassin du parc de la Tête d'or dans une barque de location et j'ai visité le musée des Beaux-Arts, où *Amour et Psyché* de Simon Vouet m'a plu par son dessin et son sujet.

Dans ma région touchée par les bombardements, mais non par les combats de la Libération, l'enseignement n'avait pas été interrompu, le métier d'élève continuait. Au collège, j'avais cessé d'être le meilleur élève de la classe, comme à l'école primaire ; j'étais bon élève, pas davantage, je n'ai pas redoublé de classe, je faisais le minimum nécessaire. Au dehors, je me cultivais. La lecture d'un poète latin parfois déshonnête, Catulle, en traduction bien sûr, m'apprit pourquoi, à la bibliothèque municipale, un vieux monsieur venait sans cesse avan-

Et dans l'éternité je ne m'ennuierai pas

cer sa chaise tout contre la mienne et engager une conversation qui sentait le faux, tout en posant sa main sur ma cuisse ; sans en faire un drame, j'éloignai mon siège et je fis dans ma tête une fiche sur la pédérastie antique.

Et j'étais incollable sur les inscriptions romaines du musée, dont le conservateur, Henry Bauquier, qui avait remarqué mes fréquentes visites, m'avait pris sous sa protection ; je collectionnais les tessons antiques et parfois les monnaies romaines que je ramassais sur quelque site antique, après chaque pluie, en cheminant à pas très lents et en scrutant le sol, comme l'assistant du musée, M. Almuès, m'avait appris à le faire. Un jour, sur l'oppidum du Baou-Rous, entre Aix et Marseille, je promis au bon Dieu de ne plus jamais embrasser ma belle du moment si je faisais bonne pêche. En effet, je trouvai une pièce grecque (une monnaie de Marseille antique) et je ne tins pas ma parole, car je ne croyais pas en Dieu.

Je me rêvais archéologue. J'étais prétentieux, disait l'un de mes professeurs ; farfelu, disaient mes camarades, à l'exception de mon ami Claude Laurent (car j'aimais et aimerai l'amitié et aurai toujours des amis). Il m'a donc fallu apprendre à devenir indifférent à l'opinion d'autrui. J'étais déjà indifférent à la malformation congénitale de mon visage, qui ne m'a jamais fait verser une larme, je l'étais aux moqueries dont elle était l'objet pour les gamins et au surnom qu'ils m'avaient donné.

« Indifférent » est trop peu dire : loin d'en être honteux, j'en étais positivement fier depuis mon enfance : je n'étais pas comme tout le monde. Quand des gamins se moquaient de

Le métier d'élève

ma bosse au visage, je pensais à part moi que je n'étais pas et ne serais jamais comme eux ; je ne ferais pas un de leurs métiers. Lorsque mon professeur de sixième m'avait révélé l'idéal d'être homme de culture, j'avais senti que c'était là le genre de métier particulier qu'il me fallait.

En outre, involontairement, le sentiment de ma singularité a développé en moi une façon d'être ou de paraître non conformiste, destinée probablement à faire écran, à attirer ailleurs l'attention du spectateur. Tout au long de mon existence, cela me vaudra, auprès de certains, une réputation d'excentricité. Dans un milieu artistique ou théâtral, cette façon d'être ne surprendrait personne et ferait partie des libertés ; ailleurs, elle peut choquer. Michel Piccoli, en grand comédien qui sent bien les différences entre les rôles, me demandait un jour, amusé : « Mais comment les autres profs te considèrent-ils ? »

Trente ans plus tard, lors de mon élection au Collège de France, Mme de Romilly, gardienne du temple, était sur ses gardes. Un jour, le président Giscard d'Estaing vient faire une visite au Collège (institution qui relève de l'Élysée et non de l'Université) ; pour la circonstance, réception avec champagne et exposition d'un parchemin commémorant cette visite, en bas duquel chaque professeur devait inscrire sa signature. Une coupe à la main, je causais avec ma collègue Mme de Romilly, quand je m'avise d'avoir oublié de signer le parchemin ; je m'excuse donc un instant et vais signer. Quand je la rejoins, elle avait posé sa main sur son cœur qui battait plus fort. « Mon Dieu, Veyne, me dit-elle (elle s'adressait toujours à moi comme à un familier ou à un inférieur), mon Dieu, je dois me faire de fausses idées sur vous : quand je vous ai vu vous précipiter vers le parchemin, j'ai cru que vous alliez le lacérer. »

Je viens de faire un bond en avant de trente années, du collège d'Orange au Collège de France. Revenons au temps où j'étais élève en classe de première, qui, en ce temps-là, était classe de bachot. Or le bachot est indispensable pour qui veut devenir archéologue. Je fais donc un gros effort et, en juillet, je me retrouve tête de liste des nouveaux bacheliers de l'Académie d'Aix-Marseille-Nice. J'allais entrer maintenant en classe de philosophie ; or, à Orange, l'enseignement de cette matière était mixte ; les sexes, jusqu'ici séparés entre deux établissements distincts, se mêlaient pour la première fois.

Aucun lycéen ne l'ignorait et, pour préparer l'avenir, j'étais déjà allé observer la sortie du lycée de filles, où j'avais remarqué une grande fille d'une véritable beauté qui ressemblait à Simone Signoret. En octobre, à la rentrée, elle et moi nous retrouvons dans la même classe de philosophie et j'entreprends de lui plaire. Avoir une vie culturelle n'était pas tout : j'avais seize ans accomplis et il était digne de moi d'avoir une vie amoureuse. De nos jours, filles et garçons entrent en terminale avec deux desseins, réussir au bachot et découvrir l'amour ; mais, de mon temps, ce second dessein était vertueusement prohibé, la pilule n'ayant pas encore été découverte.

Mon élue s'appelait Simone Solodiloff, était d'origine ukrainienne, son père avait fui les Rouges, et elle voulait devenir médecin. Sa conversation révélait que son caractère était

Le métier d'élève

aussi distingué que sa beauté. Or une mienne singularité est de n'avoir jamais éprouvé de timidité à faire ma cour, malgré mon physique repoussant. Alors, comment se peut-il que j'aie fait quelquefois des conquêtes ? La réponse se trouve sans doute dans ce que le romancier David Lodge écrit d'un de ses héros : « On ne peut vraiment pas dire qu'il soit beau ! On se demande comment il se débrouille pour tomber les femmes. Cela tient peut-être à l'énergie avide de chiot frétillant dont il semble posséder une réserve inépuisable. » Or, dans son exemplaire de ce roman qu'elle m'a imprudemment prêté, ma chère compagne a relevé cette phrase d'un coup de crayon en marge.

Voilà pourquoi, en classe de philo, j'obtiens les faveurs de ma belle condisciple ukrainienne. Pour la première fois de ma vie je sens sous ma main un sein féminin et je découvre que ce qui comble un amant est le plaisir féminin, de même que seul le plaisir du lecteur peut vraiment combler un auteur.

Cette femme très estimable n'est plus ; elle a quitté ce monde il y a vingt ans. C'était à ses côtés que j'ai passé mes jeunes années : nous nous sommes aimés à dix-sept ans et nous avons fait nos études côte à côte, internat de médecine à Paris pour l'une, École normale supérieure pour l'autre. À cette époque, on n'imaginait pas que le travail puisse manquer, pas plus que l'air ou l'eau ; le tout était d'en trouver un bon. Or le notaire de mes parents leur avait dit que, puisque je voulais devenir professeur, il me fallait préparer une certaine École normale dont eux et moi ignorions l'existence.

Et dans l'éternité je ne m'ennuierai pas

C'est pour retrouver Simone qu'à dix-neuf ans j'ai découvert Paris : sans prévenir mes parents, je m'étais inscrit comme interne au lycée Henri-IV, dans une classe qui préparait des bacheliers au concours d'entrée à l'École normale. Paris ! Après dix heures d'insomnie en train de nuit, j'émerge, le cœur battant, au métro Odéon où Simone m'attendait.

Au Louvre, le *Concert au bas-relief* de Valentin, alors sans nom d'auteur et attribué à l'« École italienne », m'a tapé dans l'œil. Je suis allé voir jouer *Le Soulier de satin* à la Comédie-Française et ça a été un éblouissement : les deux plus grands écrivains français du XXe siècle sont Proust et Claudel, je le pense toujours. Et Céline ? Il est pour moi illisible. Quant à Paris, ville monumentale, elle n'était pas à mon échelle, et puis je n'y connaissais personne. Au fond, j'étais – et, avec l'âge, je suis redevenu – un villageois, un rural, un solitaire. Dans toute mon existence, je n'aurai habité cette trop grande ville que de 1949 à 1955 et de 1957 à 1961. J'ai pourtant aimé Manhattan, où, pour de brefs séjours, je me suis senti à l'aise.

Un solitaire et un rat de bibliothèque, mais qui ne peut respirer s'il ne se sent aimé par une personne du sexe. Un excentrique ? C'est me faire trop d'honneur : je suis un faux bohème qu'attire le romanesque, voilà tout. Peu soucieux de mes sous, je laisse de bons pourboires, mais sans me ruiner ; je n'ai pas négligé ma carrière universitaire et n'ai jamais touché aux stupéfiants. Je suis habillé et coiffé comme tout le monde. Je n'ai jamais eu d'accident de voiture.

Le métier d'élève

Mais, d'emblée, racontons jusqu'au bout la triste histoire de cette première union, où je n'ai pas le beau rôle. Simone et moi nous retrouvions tous les dimanches, nous allions nous caresser au bois de Boulogne, puis nous osons nous retrouver dans des chambres d'hôtels borgnes, car les hôtels honnêtes étaient interdits aux mineurs, or la majorité était encore à vingt et un ans. Je connus ainsi les « eaux de verte foudre qui sonnent l'extase du visage aimé » dont parle René Char. Nous avons fini par nous marier à vingt-quatre ans et avons divorcé à trente, sur sa demande et par ma seule faute : je l'avais trompée, pire encore, je me conduisais avec elle comme un mufle égoïste dont les goûts bohèmes ne tiennent aucun compte des agacements ou répugnances d'autrui. En un mot, mon éducation était loin d'être achevée. De plus, ne rêvant que de culture et d'archéologie, je ne voulais pas d'enfant, tandis qu'elle en désirait un.

Alors un de ses confrères lui a plu et elle m'a dit : « Paul, nous devons divorcer, car je ne veux pas te faire cocu. » Et elle eut deux jumeaux auxquels elle donna son nom. Suivit pour moi une année de dépression où je n'ai guère travaillé ni publié ; cette rupture m'a terrorisé, éduqué, transformé ; à l'âge de trente ans j'ai bien changé, j'ose le dire. De nos jours, la compagne qui veut bien de moi depuis un quart de siècle ne m'a pas encore reproché de manquer d'égards. D'un second mariage qui s'ensuivit bientôt, j'ai eu un fils – dont le sort a été tragique, comme on l'apprendra à la fin de ce livre ; lorsque m'est apparu ce petit être tout nouveau qui était le mien, mon cœur s'est mis à battre et j'ai senti que je le protégerais toujours.

Avec moi, la malheureuse Simone Solodiloff avait donc essuyé les plâtres. Sa générosité a fait que nous sommes toujours restés bons amis ; nous nous racontions nos vies en riant (un de ses amants a été le chef de la brigade anti-gangs [1], quai des Orfèvres). Elle me disait comment, en mai 68, une concierge de sa rue Christine, dans le sixième arrondissement, était allée prendre la parole dans une assemblée révolutionnaire en Sorbonne : « Messieurs les étudiants, merci : je m'ennuyais depuis 1789. » Elle sera aussi une des signataires de la pétition « des 343 salopes » en faveur du droit à l'avortement.

Revenons de vingt ans en arrière, vers nos jeunes années. Simone et moi, disais-je, avons fait nos études parallèlement. Donc, en 1947, elle entre en première année de médecine à Paris, tandis que j'entrais comme interne au lycée de Marseille, en « khâgne » ou classe de préparation au concours littéraire d'entrée à l'École normale supérieure. On y étudiait les matières de ce concours : littérature française, latin, grec, une langue vivante, philosophie générale et histoire (le XIXe siècle mondial, l'histoire grecque et romaine) : une sorte de culture générale.

---

[1]. Elle l'avait rencontré lorsqu'elle avait reçu les menaces de mort d'un jeune Yougoslave contre qui elle avait dû porter plainte, car ce travailleur clandestin qui lui repeignait son appartement, et plus encore, en avait profité pour lui vider son compte en banque.

Le métier d'élève

Le dimanche, jour de sortie des internes, j'arborais tour à tour mes deux plus beaux ornements, une canadienne et un duffle-coat, vêtements qui avaient fait la mode aux lendemains de la Libération. Quand nous nous promenions dans les beaux quartiers de Marseille, nous croisions des élégantes en robe Dior à la jupe évasée. Nous allions au cinéma voir jouer *Quai des Orfèvres* de Clouzot ; à cette époque, la question était d'apprendre de bouche à oreille si un « bon film », où l'on ne s'ennuyait pas, venait de sortir. Mais *Le Voleur de bicyclette* avait été la révélation d'une école nationale, le néo-réalisme italien. Un succès d'avant-guerre, *Hôtel du Nord*, avait traversé les temps, était sans âge. D'Amérique était arrivé un film dont on faisait grand bruit, *Citizen Kane* d'Orson Welles.

La préparation aux concours des grandes écoles, en « khâgnes » littéraires ou « taupes » scientifiques, exige un gros travail (le concours teste ainsi la capacité de travail des candidats) ; à la fin du premier trimestre, j'étais étonné qu'on pût « bosser » autant et je sentais comme un coup de couteau entre les omoplates. Mes condisciples étaient disciplinés, sérieux, studieux : nous préparions notre avenir. Et, en effet, le « rendement » de l'enseignement qu'on reçoit en khâgne est supérieur à tout autre et vaut pour toute la suite d'une vie d'enseignant ou de chercheur. C'est un ressort capital de l'« ascenseur républicain ». Les professeurs des classes de préparation aux grandes écoles sont une élite qui n'a rien à envier à ses prestigieux collègues de l'enseignement supérieur.

Et dans l'éternité je ne m'ennuierai pas

J'avais changé de milieu : j'étais dans une grande ville, non plus dans une bourgade ni dans un collège de bourgade, et mes condisciples étaient en majorité fils d'enseignants ou rejetons de la classe moyenne, qui se souciaient de leur carrière universitaire. Je cessais d'être considéré comme un gamin prétentieux.

Notre petit milieu n'était pas politisé et cependant j'ai changé aussitôt d'opinions politiques ou plutôt je me suis mis à en avoir. Écartons une interprétation trop facile : je n'ai pas été influencé par les opinions de mon nouveau milieu, car, d'opinions, il n'en avait pas. Les adolescents que nous étions ne parlions pas de politique ni ne lisions de quotidiens ; nous n'évoquions jamais les drames historiques que nous venions de vivre ni n'en tirions de conclusion quelconque : tout énormes qu'ils avaient été, ces drames étaient du passé [1] et n'étaient pas notre affaire, laquelle était nos études.

---

1. Exception faite de nos camarades juifs, qui ne pouvaient évidemment oublier, mais qui n'en parlaient jamais, tant ils craignaient de ranimer le vieil antisémitisme s'ils se présentaient en victimes.

IV.

Le monastère laïc de la rue d'Ulm

MA TRANSFORMATION a été le fruit d'une ambition individuelle et non sociale, celle d'être une personne cultivée : entrant dans l'enseignement supérieur, j'avais pour devoir, me disais-je, d'avoir des idées personnelles qui fussent du même niveau intellectuel que ce que j'apprenais dans les cours de philosophie et dans ceux d'histoire, où je voyais comment les vrais historiens dépeignaient les événements d'un passé lointain ou proche.

Alors se découvrit à mes yeux la vérité vraie de ce que ma jeunesse venait de traverser, à savoir des événements, quelques-uns des plus grands de l'histoire universelle : les conquêtes et massacres de l'épouvantable élucubration nazie, un génocide, l'écrasement du nazisme, les fascismes, la Résistance, la bombe atomique. En août 1945, quand le journal avait titré que le Japon était bombardé avec des bombes atomiques, ce progrès de la science physique et de la puissance de l'homme m'avait rempli de satisfaction. Aujourd'hui, le nom d'Hiroshima me remplit d'horreur et de terreur. J'étais passé du concret aveugle à l'abstraction vraie ; je voyais maintenant ce qu'avait signifié la Libération. Désormais, il allait de soi qu'il fallait être « pour la Résistance ». Une question commença à me titiller : si j'avais été d'âge adulte, aurais-je eu le courage de faire de la résistance ? Le film de John Ford, *Les Raisins de la colère*, me donna une sensibilité de gauche. Enfin, je deviens démocrate de conviction en lisant un livre aujourd'hui oublié, *La Grande Épreuve des démocraties* de Julien Benda.

Ma mutation ne fut pas seulement intellectuelle ; je cherchais à modifier aussi ma façon d'être ou d'apparaître, à perdre mon accent du Midi et mes provincialismes. Ce n'était plus une ambition culturelle, mais sociale : ne pas faire tache dans le milieu professoral qui allait être le mien.

Malheureusement, on va voir que le drame de n'être qu'un parvenu dure jusqu'à la mort. Comme je le fais encore dans le présent livre, je n'ai jamais cessé d'employer le passé simple pour parler de moi-même, chose usuelle en provençal. J'ai dû renoncer aussi à éradiquer le fond d'accent méridional qui est encore le mien. Du moins ai-je appris à prononcer correctement le mot « forêt » (*forè* et non *fôré*) et à distinguer dans mon élocution le futur « je viendrai » du conditionnel « je viendrais ».

Un jour viendra (j'aurai alors trente ans) où j'ai cru un instant qu'un de mes maîtres en Sorbonne allait me prendre comme assistant ; je l'interrompis pour le remercier avec effusion. « J'ai dit *prendrè* et non *prendré*, rétorqua-t-il, et en effet je vous prendrais si la chose était possible. »

Le monastère laïc de la rue d'Ulm

Voici maintenant quel est le drame du parvenu : vieux professeur à la retraite, lorsque j'emploie des mots tels que « forêt » ou « prendrais », je les prononce comme il faut, spontanément et sans effort, mais, ce faisant, le sentiment de mes efforts d'autrefois reste présent à l'arrière-plan de ma conscience ; je parle le français académique comme si c'était une langue étrangère. Toutefois, être un parvenu offre aussi des avantages : je parle d'égal à égal avec tout le monde, avec un président de République, mais aussi avec mes compatriotes dans le village où je passe mes derniers jours de vie, au pied du Ventoux.

En « khâgne », malgré tant d'efforts de prononciation et tant de mutations intellectuelles, j'ai échoué la première fois que je me suis présenté au concours d'entrée à Normale (on a le droit de s'y présenter trois fois). Cet échec allait devenir un des nombreux coups de chance de mon existence : durant mon année de redoublant, j'aurai un excellent professeur d'histoire moderne, Michel Fourniol, qui nous fit voir par son exemple que, si l'on a plein de concepts politiques, économiques, etc., les événements du passé prennent un autre visage. Coup de foudre : une passion pour l'histoire se mit à flamber en moi et je décidai que, si j'avais cette fois la chance d'être reçu à Normale, je me ferais historien de l'Antiquité. En 1951, à ma deuxième tentative, j'ai eu cette chance. Le sujet donné cette année-là à l'épreuve si redoutée de dissertation philosophique portait sur... les problèmes de la connaissance historique ; en six heures, je pondis sur cette question un roman-fleuve.

Et dans l'éternité je ne m'ennuierai pas

Chance, dis-je, parce que, chaque année, il n'y a guère que trente reçus sur plus de trois cents candidats et parce qu'un concours n'est pas un moyen de sélection infaillible. De fait, l'année où j'ai réussi, plusieurs de mes condisciples ont échoué qui étaient plus méritants que bien d'autres ; tel d'entre eux deviendra un indianiste réputé, tel autre portera l'habit vert, tel autre fera une grande carrière dans l'université brésilienne et écrira, sur la métaphysique kantienne, un ouvrage demeuré classique. Certains ne se remettront jamais de cet échec ; Pierre Vidal-Naquet, forte personnalité notoire, ne cessera de reparler de cette indignité jusqu'à la fin de ses jours.

Avec ma réussite à l'École normale supérieure, mon avenir matériel était assuré et la porte s'ouvrait à mes ambitions archéologiques. Je profitai donc d'un séjour de vacances à Villard-de-Lans qui a suivi ce succès pour perfectionner mon allemand ; je crois me revoir, étendu sur le lit de l'auberge, lisant dans le texte l'*Histoire romaine* de Mommsen, la tête lovée au creux du giron de Simone. Mais, chose curieuse, ma réussite avait été suivie d'une crise d'angoisse qui dura plusieurs semaines ; angoisse d'ambition, je suppose, celle d'un sportif avant le match décisif.

J'avais eu pourtant une autre chance encore. À cette époque, l'armée française n'était pas encore une armée de métier et le service militaire était obligatoire pour tout le monde, sauf rares exemptions ; or, au « conseil de révision » qui passait en revue les prochains conscrits, j'ai été exempté. Convoqués à la mairie, une longue file de jeunes gens de vingt

Le monastère laïc de la rue d'Ulm

ans, nus comme des vers, passaient un par un devant une brochette de médecins militaires. Je dirai tout : un de ces adolescents eut une érection et un officier cingla d'un coup de badine le membre indiscipliné. Ma mystérieuse malformation faciale a éveillé la méfiance des médecins, ils m'ont interrogé là-dessus, ils semblent avoir supposé que je n'étais pas destiné à faire un long usage et ils ont écrit « exempté » sur mon livret militaire.

Je n'ai donc pas fait d'année de caserne, ni, plus tard, deux ou trois ans de guerre en Algérie. Et je file tout droit à l'École normale, rue d'Ulm, sur la montagne Sainte-Geneviève. Elle forme des enseignants et des chercheurs spécialisés en lettres et en sciences ; je vais y demeurer quatre ans, j'y étais entré pour devenir historien et j'en sortirai, devenu agrégé de grammaire et voué à me spécialiser dans l'Antiquité romaine.

J'avais été tenté un instant de préparer plutôt l'agrégation de philosophie. Car, après 1945, à l'exemple de Sartre et de Camus dont le prestige était immense, tout le monde voulait penser : tel était le climat de ces années d'immédiat après-guerre : la jeunesse cherchait à prendre du recul, à reprendre ses esprits ; Saint-Germain-des-Prés dansait et pensait. À l'École normale, qui ne dansait guère, les candidats à la carrière philosophique étaient si nombreux et cette carrière était si encombrée que le directeur de l'École en détournait tous ceux qu'il pouvait. J'en fus détourné, heureusement pour moi, car la philosophie est comme une langue que je comprends un peu, sans être capable de la parler.

Et dans l'éternité je ne m'ennuierai pas

Parmi les Grandes Écoles françaises, Normale sup, aujourd'hui éclipsée en célébrité par l'École nationale d'administration, était alors la plus réputée de toutes, avec Polytechnique. De nos jours, elle est devenue mixte, elle ne l'était pas encore de mon temps : nous dormions dans un dortoir ou dans des boxes à quatre, alors qu'aujourd'hui normaliens et normaliennes ont des chambres individuelles. Tel est ce monastère laïc de la rue d'Ulm où, lorsque j'y pénétrai, s'entassaient deux centaines de garçons d'une vingtaine d'années.

On entend souvent ou on lit le nom de Normale sup, mais combien de lecteurs savent ce qui s'y passe ? Les élèves littéraires y disposent d'une vaste bibliothèque, les scientifiques, de grands laboratoires ; les anciens élèves ont le privilège d'en user jusqu'à la fin de leurs jours. Pour tout le reste, c'est une institution singulière : cette école ne dispense aucun enseignement ou presque. Pendant trois ou quatre ans, les élèves y sont logés et nourris, s'ils sont pensionnaires ; une minorité d'entre eux (ceux dont la famille habite Paris) choisissent d'être externes. Tous reçoivent un salaire mensuel et s'engagent à servir l'État pendant dix ans comme professeurs. Il leur faut donc passer tous les grades universitaires et se présenter à une agrégation de lettres ou de sciences. Pour réussir à ces divers examens et concours, ils vont suivre les cours de la Sorbonne... ou bien, confiants en eux-mêmes et en ce que leur ont enseigné la khâgne ou la taupe, ils les préparent tout seuls, dans leur « turne ».

Toutefois, pendant l'année de préparation à l'agrégation, nous recevions à l'École même un enseignement d'ap-

Le monastère laïc de la rue d'Ulm

point que nous dispensaient des « agrégés répétiteurs » ou « caïmans », anciens élèves à peine sortants que l'École avait engagés à demeure pour cela. Quelques-uns ont laissé un souvenir, dont Louis Althusser et Michel Foucault. Ces jeunes hommes, à peine plus âgés que nous, étaient presque des camarades.

Mais, outre l'agrégation, une majorité d'élèves, se destinant à une autre carrière, passent la plus grande partie de leur temps à se donner une préparation de chercheurs dans le domaine de leur choix ; le rôle essentiel de cette École est de leur fournir les moyens matériels de se la donner et un exemple collectif qui les incite à le faire.

Effectivement, dès notre arrivée à l'École, la température avait monté : le « caïman » d'histoire avait réuni les nouveaux venus pour leur dire à peu près ceci : « Deux voies s'ouvrent devant vous. Ou bien vous suivez la voie de vos maîtres en Sorbonne, vous faites de l'histoire comme ils en ont fait, vous aurez alors une belle carrière, mais tout ce que vous aurez fait aura été vain. Ou bien vous ralliez l'actuel courant d'avant-garde qu'on appelle l'École des Annales ; ce courant n'a aucun pouvoir *(c'était encore vrai en 1951)*, votre carrière sera malaisée, mais vous aurez écrit des choses qui en valent la peine. L'histoire traités-et-batailles ou grands-règnes, c'est fini, c'est dépassé : la société, l'économie, les mentalités, voilà ce qui est important et neuf ! »

Tels furent, sinon la lettre, du moins le sens général et l'énergie révolutionnaire des propos du caïman, pour qui l'École n'aurait été qu'une auberge de privilégiés si elle ne se faisait la couveuse d'une avant-garde se préparant à ses futurs combats (de fait, un professeur au Collège de France sur cinq est sorti de Normale). Notre avant-gardisme historique avait un modèle admiré, le médiéviste Jacques Le Goff, notre aîné de cinq ans, qui était un camarade et non un maître. À son exemple, je me suis mis à fumer la pipe, puisque l'histoire digne de ce nom n'était pas matière de mémoire, mais de réflexion.

Quant à nous, qui n'étions encore qu'élèves, nous avions entre nous une vie de société, à nos heures de loisir ou autour des tables du grand réfectoire, où scientifiques et littéraires mêlés se groupaient par affinités, attirances ou compatibilité de caractère ou de goûts. La convivialité, la tolérance était la règle, même en matière politique. Car nous nous sentions membres d'une collectivité juvénile, nous n'étions pas encore des adultes indépendants qui traçaient chacun son chemin dans la vie. Très peu d'entre nous étaient mariés (c'était mon cas), car on attendait, pour se marier, d'être agrégé et de quitter l'École en ayant un métier. La majorité d'entre nous, probablement, étaient puceaux, surtout parmi les littéraires. Ceux qui ne l'étaient pas hésitaient entre deux politiques : le laisser entendre, le cacher. Dans cette foule masculine, aucun homosexuel ne se laissait apercevoir, malgré quelques vagues soupçons ; en ces temps lointains, le vice était couvert par une chape de silence et d'interdit. En fait, une douzaine (sur trois cents) l'était ; on l'apprendra après Mai 68.

Le monastère laïc de la rue d'Ulm

Les relations entre élèves étaient égalitaires, sauf rares exceptions caractérielles, les bagarres étaient chose inconnue et les rivalités d'amour-propre se faisaient discrètes, noyées comme elles l'étaient dans le ridicule et les autres amours-propres. On se disait à demi-mot que tel camarade n'avait été admis que par une défaillance du concours de recrutement. Dans un avenir encore lointain où je serai professeur dans une université de province et où l'on discutera du choix d'un nouveau collègue, mes oreilles entendront ceci : « Mais enfin, on ne va pas prendre ce type ! Souviens-toi, quand nous étions à l'École : c'était un sot ! »

Le réfectoire, où nous apprenions à nous connaître, était un étalage de diversités individuelles. On devinait en l'un le futur ministre, tel autre avait bien la tête d'un mathématicien ! Tel autre, qui aimait l'armée sans oser l'avouer, sera un jour officier de réserve haut gradé ; plus loin, une physionomie d'intellectuel rêvait de révolutionner un jour sa discipline littéraire ; un autre qui était replié sur sa riche vie intérieure ne souhaitait qu'une vie paisible d'enseignant en province ; deux futurs ingénieurs étaient bouleversés par la découverte du transistor et tel littéraire se voyait déjà académicien : il le sera. Un de mes camarades s'est tout de suite fait chartreux et réside aujourd'hui dans un couvent de Corée du Sud.

Il y avait des différences entre les vocations professionnelles. Par leur culture et leur tour d'esprit, les mathématiciens étaient en réalité de super-littéraires. Quant aux physiciens et biologistes, futurs ingénieurs ou patrons de laboratoires,

Et dans l'éternité je ne m'ennuierai pas

c'étaient déjà des adultes, ce que les littéraires n'étaient généralement pas. Futur prix Nobel de physique, le très cordial et égalitaire Gilles de Gennes, impressionnant par son aisance, se rendait avec ses camarades au Crazy Horse Saloon, première boîte de strip-tease qui fût autorisée à s'ouvrir à Paris. La vocation de quelques autres était politique, ils seront premiers ministres ou du moins ils profiteront de leur séjour à Normale pour passer le concours de cette ENA qui ravira bientôt à la rue d'Ulm la première place parmi les Grandes Écoles.

Dans cette foule se distinguaient deux petits regroupements, le Cercle catholique, gros d'une trentaine de fidèles, et la Cellule communiste, fortement constituée, avec sa trentaine de militants, de « camarades ». J'appartenais à ce second groupe, comme on verra, mais aussi, sans le vouloir, à une poignée plutôt moquée de six ou sept militants que chaque repas rassemblait à la même table, tout au fond du réfectoire. Notre figure de proue, était un fils d'ouvrier, Gérard Genette, avec sa physionomie d'intellectuel et son élégance de manières et de langage, qui sera un jour théoricien de la narration et prosateur de talent. Nos manières fantaisistes nous avaient valu, de nos condisciples, le surnom de « groupe folklorique [1] » ; pire encore, un militant sévère nous stigmatisa du nom de « Saint-Germain-des-Prés marxiste ». En effet, un vrai militant doit montrer une physionomie sérieuse et sa

---

[1]. À cette époque, l'URSS envoyait en tournée à l'Ouest des groupes qui venaient y chanter des airs populaires du folklore russe, faute d'artistes novateurs ; ils étaient sans doute au Goulag.

Le monastère laïc de la rue d'Ulm

vie quotidienne doit être couleur de grisaille, alors que nous étions joyeux et excentriques.

Nous achevions de déplaire en nous mettant à part de la foule pour former autour de Michel Foucault une petite camarilla que Foucault avait bien voulu agréer. Tous les jours, après le déjeuner, notre petit groupe, avant de retourner travailler, allait passer une heure avec lui dans le café voisin. La conversation y était libre, générale et ouverte, égalitaire et, pour nous, instructive ; nous n'étions ni des élèves avec leur caïman ni des disciples autour d'un maître, tout en lui reconnaissant une intelligence supérieure. Certes, nous n'ignorions pas qu'il avait quitté le Parti parce qu'il avait perdu la foi et parce que sa cellule avait commis ce qu'il tenait pour une infamie ; mais comme, de notre côté, nous avions tous, à l'insu l'un de l'autre, des doutes secrets sur le communisme...

Foucault, pour sa part, nous jugeait éducables et dignes de confiance, si bien qu'il n'hésita pas, sinon à faire un *coming out* (chose inconnue en ces temps lointains), du moins à se laisser deviner. Jean Cocteau venait d'entrer à l'Académie française ; or, chose inattendue, Cocteau était alors un « compagnon de route » du Parti. Alors *L'Humanité*, organe officiel du Parti, avait célébré cet événement académique, et les mauvais esprits que nous étions ironisions là-dessus. Tout à coup, sans transition, Foucault se mit à dire : « *Elle* est complètement *folle* ! On lui a demandé : "Où passerez-vous vos vacances cet été, Maître ?" et *elle* a répondu coquettement : "Je ne quitterai pas Paris : j'aurai des essayages." » Un frisson me parcourut

Et dans l'éternité je ne m'ennuierai pas

l'échine : mes oreilles venaient d'entendre pour la première fois ce *elle* qui était un féminin de la langue secrète de l'Enfer et ce *folle*, terme usité dans cette société infernale dont Foucault nous laissait entendre qu'il était un initié.

Un autre camarade, proche de notre camarilla, était Maurice Pinguet, futur auteur de *La Mort volontaire au Japon*. Je suis fier d'avoir échangé avec lui une petite correspondance pendant qu'il écrivait ce livre et de n'avoir cessé de l'encourager. Encore élève à Normale, Pinguet avait projeté de faire une thèse sur Éluard pour son doctorat ès-lettres, mais cet ami de Barthes et de Foucault en fut empêché par la tyranne toquée qui régnait alors sur les études de littérature contemporaine. Rappelé en Algérie dès le début de la guerre, ce chef qui s'ignorait fut rapidement élevé au grade de sous-lieutenant ; « mes hommes m'adorent », me dit-il, l'humour affecté de ce lieu commun trahissant un sentiment satisfait de sa différence. L'armée lui proposa bel et bien de quitter l'Université pour devenir officier de carrière. Mais le talentueux Pinguet préféra partir comme professeur français à l'étranger. Il choisit le Japon, avec lequel s'accordait si bien la finesse de son écriture et de sa sensibilité (toutefois, son intrépidité secrète donnait à sa façon d'être une saveur indéfinissable). Il apprit le japonais au prix de deux ans de travail à temps complet, quitta l'Université française et termina sa vie comme professeur à l'Université de Tokyo.

Les homosexuels ont toujours eu confiance en moi, historien dépourvu de préjugés datés. Dès son enfance, m'a raconté

Le monastère laïc de la rue d'Ulm

Pinguet, il avait compris qu'il était homo, mais il croyait que c'était là un rare malheur et qu'il n'aurait jamais la chance de rencontrer son semblable. Par bonheur, à vingt ans, un autre de nos camarades l'invita à venir passer avec lui des vacances à la campagne. Le soir venu, il apparut que la maisonnette ne contenait qu'un seul lit, qu'il fallut partager ; le camarade lui fit partager davantage et, le lendemain, au réveil, accoudé sur le lit, il lui dit : « C'est bien ce que je pensais : tu es homosexuel. » « Mais il me semble que toi-même... », hasarda Pinguet.

« Moi ? Pas du tout ; j'ai fait ça plutôt que de ne rien faire, mais je ne suis pas homo. »

Quant à nous, en dehors de nos heures de camarilla et d'amitié, nous étions des travailleurs appliqués. L'un de nous, entré à Normale comme germaniste, alla passer un an à Séville pour y apprendre la langue, passa l'agrégation d'espagnol, puis, amoureux du Maroc, apprit l'arabe à fond et devint professeur à l'Université de Fès. Pour ma modeste part, j'ai préparé tout seul mes examens et concours sans jamais mettre le pied en Sorbonne, même pour l'initiation à la grammaire comparée des langues indo-européennes, qui m'a passionné.

À notre table, la vraie question était : vaut-il mieux être « scientiste » ou « essayiste » ? Nous en parlions peu, nous affections quelquefois d'en plaisanter, mais nous y pensions souvent. Le scientisme travailleur ajoute au savoir acquis un peu de vrai, mais non du neuf ; l'essayisme talentueux peut suggérer du neuf, mais risque d'être creux. L'un d'entre nous, le sociologue Jean-Claude Passeron, trouvera un jour une vérité neuve[1]. Quant au célèbre Pierre Bourdieu, qui n'était pas membre du Parti, il mangeait à une autre table, plus sérieuse que la nôtre.

Nous allions tous ensemble au cinéma. L'ère des « bons films » était terminée ; nous estimions être la première génération à avoir compris que le cinéma n'était pas du divertissement, mais un art à plein titre ; nous « suivions » les nouveaux films comme on « suivait » auparavant la littérature. Il y aura bientôt des classiques, promis à la postérité, Fellini et Ingmar Bergman. Il y avait aussi des « querelles » : la querelle autour de *Casque d'or* – la norme réaliste alors dominante au cinéma comme dans le roman a fait qu'à l'exception de Genette nous avons méconnu ce beau film.

Les stars étaient Gérard Philipe, Jeanne Moreau, Simone Signoret et une débutante, Romy Schneider. Nous allions à l'Odéon voir jouer Maria Casarès. Simone m'a emmené à un récital d'Yves Montand. J'étais allé de moi-même écouter Charles Trenet en tournée. Quant à Brigitte Bardot, nous savions ce que disaient d'elle ses confrères : « Elle se fout d'être une comédienne, une artiste. Elle se fout d'être une star. Tout ce qui l'intéresse est l'argent. »

Autre « fossile caractéristique » de ces temps lointains : en 1952, deux normaliens communistes, conscients de leur valeur

---

[1]. Lui-même a bien voulu résumer sa pensée dans mon petit livre *Foucault, sa pensé, sa personne* (Paris, Albin Michel, 2008), p. 118 et n. 1.

Le monastère laïc de la rue d'Ulm

et peu disposés à s'incliner devant les supériorités d'institution, se demandaient devant quel authentique grand homme ils seraient le plus impressionnés ; serait-ce devant Staline ou devant Picasso ? L'Art l'emporte-t-il sur tout le reste ?

Avec la tablée de camarades susdits, j'avais des relations « mondaines », j'écoutais des conversations intéressantes, mais je n'avais pas de plaisir ni de sentiments amicaux ; rivalités sournoises ou moqueries subtiles traversaient parfois notre table, où je tenais le rôle du futur érudit un peu naïf.

Ma vraie amitié était ailleurs. Cette amitié, aussitôt partagée, cette sympathie mutuelle allait à l'un de mes camarades de promotion, un Catalan, le fier et secret Georges Ville, personnalité lucide, subtile et hors du commun, comme l'avenir allait le montrer. Avec Michel Foucault, il aura été le grand ami de ma vie. Seize ans plus tard, en 1967, la mort accidentelle (ou inconsciemment suicidaire) de ce mélancolique serein n'a pas interrompu notre amitié : je repense souvent à lui, j'ai sa photo devant les yeux, je souhaite vivre encore quatre ans pour pouvoir faire insérer dans *Le Monde* un « Anniversaire de décès » pour le cinquantenaire de sa mort.

À Normale, seuls de rares observateurs avaient remarqué le rapide éclair de malice qui brillait quelquefois dans ses yeux ; malice sans méchanceté, qui s'amusait, non des ridicules de chacun, mais des illusions de tous : aux yeux de cet incroyant qui regrettait peut-être la foi de son enfance, rien ni personne ne paraissait être sérieux en ce bas monde ; « dans le siècle », aurait dit un croyant. Serein en toutes circonstances, il était persuadé de la médiocrité de toutes choses. Il n'en avait pas moins le sens de l'engagement, comme on verra ; le scepticisme n'a jamais empêché les prises de parti les plus résolues, le sceptique en lui se bornant à ne pas fonder en raison ses caprices. Aussi se sent-on toujours naïf ou romanesque à côté d'un sceptique.

Ce normalien aimait l'armée plus que tout parce qu'un militaire risque sa vie ; lui qui n'aimait pas la vaine hiérarchie universitaire (elle lui rendait la pareille) acceptait et justifiait la lourde discipline militaire, qui a sa raison d'être : contraindre des hommes à affronter la mort. Or, sans qu'un mot lui ait jamais échappé là-dessus, Georges Ville, par dédain du « siècle », avait le goût de la mort ; son dédain secret de toutes choses allait jusqu'à ne pas voir l'intérêt de persister à vivre.

Je n'étais pas le seul à avoir distingué ce solitaire. Dans une salle de la bibliothèque des Lettres, notre maître à penser, Michel Foucault, m'interpella un jour en ces termes, d'une forte voix de théâtre : « Veyne, tu es bien ami de Ville ? Ah, le personnage désenchanté que celui-ci promène à travers toute l'École ! Quand on le voit, on pense à la phrase de Nietzsche : *Ce qu'il a dû souffrir pour être aussi beau !* » La citation de Nietzsche fut criée plutôt qu'énoncée et dérangea tous les lecteurs ; Foucault avait choisi l'espace culturel de la bibliothèque pour crier un amour qui était alors maudit dans l'espace social. Cet amour était compréhensible : Foucault avait deviné en Ville un relativiste, un sceptique comme lui-même.

Le monastère laïc de la rue d'Ulm

Je sentais, moi aussi, et j'aimais d'amitié ce séduisant désenchantement, sans en avoir une idée claire. « Parce que c'était lui, parce que c'était moi », dit Montaigne ; « c'est chimique, ça ne s'explique pas », dit Carla Bruni. Mais lui-même, que pouvait-il bien trouver à ma modeste personne ? Que pouvait-il aimer en moi ? Il aimait ma naïveté romanesque, j'étais à ses yeux un sympathique personnage de l'universel roman comique : mes confidences amoureuses ou autres l'amusaient au jour le jour, mais il les approuvait sur le fond, car elles montraient que je n'avais pas bien compris – et lui n'avait jamais voulu admettre – que la « réalité » qui nous entourait, à savoir notre monde universitaire, était *importante* pour notre avenir. Il est important de vénérer son directeur de thèse et de lui rendre visite ; or je n'y songeais guère ou même point du tout.

Quand il mourra accidentellement, Ville sera devenu conservateur aux Antiquités du Louvre, car cet amoureux de l'armée avait quitté l'Université où une inutile hiérarchie l'importunait et dont le vain sérieux l'ennuyait ; si bien que beaucoup de nos maîtres l'avaient pris en grippe.

Mais, par ailleurs, Ville s'était intéressé aux gladiateurs romains ; il est l'auteur du livre fondamental sur ceux-ci (livre publié à titre posthume, hélas, par les soins de l'École française de Rome et par les miens).

Ville avait étudié la gladiature par non-conformisme et par une amère lucidité ; cette institution peu humaniste met à nu un fond de la nature humaine qu'on préférerait ignorer.

Et dans l'éternité je ne m'ennuierai pas

Il a montré que les gladiateurs étaient des volontaires, des hommes libres, passionnés par leur métier et la violence, des sortes de *skinheads*. Contrairement à ce que font croire tous les péplums, ce n'étaient pas des esclaves contraints et forcés, car alors le spectacle aurait été médiocre. Et, dans la morale de l'époque, les gladiateurs, bien que vils baladins, étaient donnés en exemple par les penseurs et étaient admirés et aimés par la foule, comme les toreros le sont chez nous (l'auteur de ces lignes est un admirateur de ces derniers) ; ne pas aimer les voir se battre prouvait qu'on était un peureux. Certains hommes sont si peu virils qu'ils ne supportent pas le spectacle d'un gladiateur blessé et qu'ils seraient incapables de tuer l'amant de leur femme [1].

Enfin, pour achever de raconter Georges Ville, cet officier de réserve, apprécié de ses supérieurs du Deuxième Bureau (pendant son service militaire en Allemagne, il avait surveillé la dislocation de l'aviation soviétique en Tchécoslovaquie), était entré dans un réseau clandestin d'aide au FLN algérien ; sa formation d'officier, son réalisme et son sens de l'organisation l'avaient aussitôt élevé au sommet de la hiérarchie. En trois mois, son bilan se chiffra par le transport hors de France de plusieurs milliards de francs de l'époque, et aucune arrestation. Pourquoi Ville avait-il fait ce choix ? En termes d'histoire, les colonies, c'était du passé, comme les lampes à huile et la marine à voile (elles encombraient donc la politique

---

1. Pseudo-Quintilien, *Declamationes minores*, p. 1347, 20 Ritter.

Le monastère laïc de la rue d'Ulm

française) ; en termes de morale, les guerres d'indépendance étaient devenues légitimes (comme le mouvement de l'histoire avait fini par le laisser apparaître).

En 1961, quand la paix fut faite en Algérie, Ville était en haute réputation dans les milieux de la clandestinité. Si bien que l'attachée « culturelle » à Paris de la Cuba communiste de Fidel Castro l'invita à une de ses soirées et lui proposa de reprendre du service dans les réseaux cubains en Amérique du Sud. Il refusa, car, me dit-il, c'était trop répétitif.

Mais pourquoi son mortel accident de voiture ? « Suicidaire » était le mot qui était venu à l'esprit de plus d'un de ses passagers. Non qu'il fût un fou de vitesse, au contraire : c'était un conducteur lent, car il était comme absent, indifférent à tout, et capable de rouler dix heures ou davantage sans songer à prendre un instant de repos. J'ai été témoin d'un autre suicide au volant qui était l'inverse, celui du frère de mon épouse ukrainienne, l'affable et estimable Pierre Solodiloff ; avec son charme mélancolique, son absence au monde. Quelquefois, subitement, en pleine nuit, nous le voyions partir pour faire un raid insensé à une vitesse folle.

Maintenant revenons en arrière, aux années 1951-1954 de notre jeunesse ; Ville et moi sommes tous deux vivants et encore normaliens. Notre grande affaire était de nous initier l'un et l'autre à la recherche en histoire ancienne. Nous avions une ambition précise : à notre sortie de Normale, être agréés comme membres de l'École française de Rome, ce séminaire d'antiquisants qui, du reste, n'était pas un fief réservé aux seuls normaliens.

Nous nous y préparions en allant suivre des cours d'archéologie à l'École des hautes études. Nous suivions aussi les cours d'épigraphie latine que venait nous donner un vrai savant, un savant à l'allemande, Hans-Georg Pflaum, juif qui avait fui l'Allemagne nazie et avait été caché pendant la guerre par un catholique fervent, Jean-Rémy Palanque, professeur à la faculté d'Aix ; après la guerre, notre CNRS l'avait accueilli et il avait écrit de gros livres doctes. Il était resté patriote et il souffrait lorsqu'on disait devant lui du mal de son Allemagne.

De mon côté, j'étais assidu et zélé aux séances d'initiation à l'histoire romaine qu'un professeur en Sorbonne venait donner à l'École normale ; je faisais chez lui beaucoup d'exposés à mes camarades, au lieu de lui laisser la parole. Et je passais le plus clair de mon temps à la bibliothèque de notre École, riche en livres savants d'histoire romaine ; je savais qu'il me faudrait écrire un jour un livre semblable.

À l'heure de fermeture, je ramenais quelques livres dans ma turne. Je ne me fais pas d'illusion : si, de l'École de Rome au Collège de France, mes supérieurs ou mes pairs ont favorisé ma carrière, c'est moins pour les talents qu'ils me prêtaient que pour le zèle passionné dont on me voyait brûler. « Veyne passe tout son temps à recopier des inscriptions latines comme si sa vie en dépendait », racontait en riant un de mes camarades de turne.

Le monastère laïc de la rue d'Ulm

J'ai oublié de dire à mon lecteur qu'à l'âge enfantin j'avais eu un choc en feuilletant dans une bibliothèque municipale l'*Histoire de Rome* d'André Piganiol, professeur au Collège de France. Ce livre qui, de mes douze ans aux vingt et un de ma majorité – et même, subconsciemment, bien au-delà –, fut pour moi un livre saint, me dicta le choix de mon futur métier, m'apprit comment on le pratiquait et quels en étaient les outils. C'était un manuel d'initiation à la recherche en histoire romaine destiné à l'enseignement supérieur ; la bibliographie polyglotte y occupait plus de pages que la narration. J'y retrouvais ce plaisir ludique de l'érudition compliquée que j'ai déjà comparée au goût qu'un enfant, pour tout son avenir, peut trouver au jeu d'échecs.

Les ouvrages énumérés dans la bibliographie de Piganiol étaient en plusieurs langues, qu'il me fallait donc apprendre. L'allemand était un problème réglé. Aux vacances de Pâques 1953, je me suis mis à l'anglais : j'ai déchiffré *Gulliver's Travels* à coup de grammaire anglaise et de dictionnaire ; quant à la prononciation, elle ne m'intéressait pas. Apprendre l'italien fut un délice : Simone, qui avait fait de l'italien au collège, m'initia à Dante, je déchiffrai l'*Etruscologia* de Pallottino et surtout, tout au long d'une année, j'ai écouté *Don Giovanni* sur disques « 33 tours », en prenant, ô surprise, le plus grand plaisir à entendre cette musique.

Qu'on ne me prenne pas pour un polyglotte. Parler italien est facile pour l'italomane que je suis ; en revanche, je lis couramment l'allemand et l'anglais, mais je ne les parle pas, non plus que le latin ni le grec que j'ai enseignés pendant vingt ans. Il faut nuancer : je baragouine un peu allemand en cherchant mes mots, mais, si je passais un mois à Berlin, ma machine linguistique se mettrait, je crois, à tourner aussi dans l'autre sens et bientôt je parlerais aisément. L'anglais est une autre affaire. Si j'écoute une conférence à New York, si je vais au théâtre à Londres, je n'y comprends strictement pas un mot. En revanche, me trouvant à Ljubljana, j'ai été interviewé pendant deux heures par un journaliste slovène ; il entendait parfaitement mon anglais et j'entendais le sien. Mais que dis-je ? Dans le bus, à Londres, je comprends un peu l'accent cockney du receveur ! J'en ai conclu que l'anglais était nativement une langue comme les autres, dont la prononciation a été sophistiquée par une élite trop maniérée.

Bibliographie en plusieurs langues, érudition, fort bien, mais était-ce suffisant ? Quand il avait vanté l'École des Annales, le caïman d'histoire m'avait appris par là que la manière d'écrire l'histoire était présentement discutée, faisait problème. Écrire de l'histoire était devenu une aventure intellectuelle, ce qui plaisait à mon goût du romanesque. Et, en khâgne, Michel Fourniol nous avait fait entrevoir que, lorsqu'on plonge le regard dans les ténèbres du passé, on n'y discerne pas grand-chose si l'on ne dispose pas d'un répertoire d'idées, aussi long que possible, dont l'une ou l'autre, avec de la chance, fera s'éclairer tel ou tel pan de ce passé. Apparaissent alors des événements, des pratiques, des coutumes, des mœurs, etc., que, faute d'en avoir une idée au moins approchée, on ne discernerait même pas.

Le monastère laïc de la rue d'Ulm

Comment constituer ce répertoire d'idées, de possibilités explicatives ? En lisant les savants qui avaient analysé, discerné, comment sont faits l'homme, la société, la politique, l'économie, les « Primitifs » et leurs mœurs si particulières, etc. En somme, les sciences humaines ont pour fin mot, non pas de découvrir les lois de la nature humaine ni de « modéliser », mais de conceptualiser. Tous les moyens étaient bons pour se procurer des concepts qui feraient ressortir les contours de formations historiques restées dans l'ombre. Ce sera encore le programme de ma leçon inaugurale au Collège de France, vingt-trois ans plus tard. En ces années 1950, sciences humaines et problématisation de l'histoire étaient dans l'air du temps, un parfum de théorie flottait dans l'atmosphère, qui était un parfum d'extrémisme : pousser la pensée jusqu'au bout.

Une des raisons (il en est d'autres, on le verra) en est qu'au lendemain de la guerre le marxisme occupait une grande place dans les cervelles. Le Parti communiste, aujourd'hui presque disparu, était le plus peuplé et le plus bruyant des partis politiques de l'époque ; être marxiste ou ne pas l'être, telle était la question. Or le marxisme comportait une doctrine philosophique, le matérialisme dialectique, mais aussi une théorie de l'histoire, le matérialisme historique. Un historien, pour refuser le marxisme, devait pouvoir opposer dans sa tête théorie à théorie, option motivée à option motivée.

V.

Communiste sous protection américaine

AVOIR VINGT ANS en 1950, c'était appartenir à une génération qui savait que la connaissance historique posait des questions philosophiques ; chose qu'ignoraient ceux de la génération précédente, qui étaient nos maîtres ou croyaient l'être et dont la naïveté méthodologique était totale.

Pourquoi cette poussée du marxisme dans tous les domaines ? Parce que le monde venait de traverser les pires horreurs qu'on connaisse à travers les quarante ou cinquante siècles d'histoire dont quelque souvenir est parvenu jusqu'à nous. Je ne veux pas dire que nous prenions le communisme pour remède topique à Auschwitz et à Hiroshima, mais que le climat était à l'extrémisme ; changer la société avait au moins le mérite d'être un remède de cheval.

La Première Guerre mondiale, avec ses dix millions de morts, était apparue à ses survivants comme un massacre inutile ; ils étaient devenus pacifistes. La Seconde Guerre, avec ses cinquante-cinq ou soixante millions de victimes militaires et civiles, avait révélé jusqu'où pouvait aller l'absurdité de l'histoire ; s'engager, faire que l'histoire prenne un sens devenait un impératif aux yeux de quelques-uns d'entre nous.

Si seulement l'érudition et la méthode de l'histoire avaient été les seuls soucis de mes vingt ans ! Mais, dès mon entrée à Normale, j'en avais eu un troisième qui était d'ordre éthique : fallait-il s'engager et adhérer au Parti communiste ? Grave problème, qui n'était plus une question de culture ni d'« intéressant », mais de bien ou de mal, de morale, d'altruisme !

Devenu aujourd'hui une petite secte, ce Parti, alors haï et redouté, était en 1950 le premier des trois grands partis français par le nombre de ses électeurs. Ce n'est encore rien : on a oublié aujourd'hui et on n'imagine plus ce que le communisme pouvait signifier alors pour un intellectuel, et sur le plan théorique, doctrinal : les forces historiques (le mouvement économique et social) poussaient l'humanité vers une société égalitaire, sans classes sociales ; tel était le sens de l'histoire. La révolution qui établirait une économie et une société communistes serait l'événement cardinal de l'histoire universelle. Avec elle, l'humanité passerait de la « préhistoire » où elle piétine encore, à une histoire enfin digne d'elle ; elle passerait des « temps incohérents » dont parlait Éluard à une société organisée, juste et pacifiée. Tout militant qui avait la foi pouvait espérer, avec le poète, que lui-même ou ses petits-enfants seraient un jour parmi

> Les constructeurs d'un immense édifice,
> La foule immense où l'homme est un ami.

Communiste sous protection américaine

Mais pourquoi adhérer au Parti, fût-ce sous l'effet de l'alcool, alors que je ne croyais guère à ces « lendemains qui chantent » dont parlait Aragon et que la politique ne m'intéressait pas, non plus que le football, le syndicalisme ou la musique atonale ? Chaque matin, je feuilletais *Le Monde* en deux minutes (je n'ai jamais eu l'idée d'acheter *L'Humanité*).

Oui, mais avoir ma carte au Parti ! Participer à la croisade de mon époque ! Pouvoir répondre : « Oui, je l'ai » à mon directeur de thèse qui m'aurait dit, embarrassé et navré : « Donc, Veyne, vous êtes communiste ! Mais vous avez même la carte ? » Désormais, j'aurais le droit d'être heureux avec bonne conscience, je pourrais être stendhalien et ajouter *La Chartreuse de Parme*, poème du bonheur, à *L'Éducation sentimentale* comme second évangile, sans être pour autant un bourgeois égoïste. Ma paix intérieure était à ce prix.

Mais, n'y croyant qu'à moitié, je ne pourrais devenir qu'un mauvais militant, je le pressentais. Tout cela est aujourd'hui si lointain, je l'ai dit, qu'on ne sait sans doute plus ce qu'était le Parti : une armée civile, militairement organisée et hiérarchisée. En 1955, le Parti était fort d'un demi-million de membres encartés (on disait faussement un million). Lors de son adhésion, tout nouveau membre avait été enrégimenté dans la cellule, forte de quelques dizaines de membres, du quartier où il habitait ou de l'entreprise dans laquelle il travaillait.

Les élèves communistes de l'École normale étaient regroupés dans une « cellule d'entreprise » ; si ces jeunes gens avaient fait montre d'indiscipline ou de mauvais esprit, ce qu'à diable ne plaise, leur cellule aurait été supprimée d'autorité et ils auraient été versés dans une « cellule de quartier », celle du quartier Mouffetard, où ils auraient été noyés au milieu des artisans, ouvriers ou boutiquiers communistes du lieu. L'École normale comprenait une deuxième « cellule d'entreprise », distincte de celle des élèves, la cellule du personnel administratif et technique ; les caïmans communistes, dont Althusser, préféraient appartenir à cette cellule plutôt qu'à celle des élèves.

Toutes les cellules d'une même zone étaient sous la surveillance de leur « comité de section » (celui du cinquième arrondissement, en l'occurrence) et tous ces comités dépendaient de leur Fédération, celle de la Seine. Toutes les Fédérations de France étaient coiffées par le Comité central, dont se détachait le puissant Bureau politique, présidé par le Secrétaire général du Parti communiste français, le camarade Maurice Thorez, ancien ministre ; mais un personnage important était le sénateur Jacques Duclos, qui recevait clandestinement les ordres de Moscou. Grâce à cette organisation, les directives données par le Bureau politique parvenaient aux Fédérations, qui les transmettaient à toutes les sections, lesquelles les diffusaient dans les nombreuses cellules de quartier ou d'entreprise. Ce système avait nom « centralisme démocratique ».

La cellule avec sa trentaine d'inscrits (entourés d'un petit cercle de « sympathisants », qui n'avaient pas leur carte) était la partie docile aux ordres et agissante, militante. Elle se

Communiste sous protection américaine

réunissait obligatoirement une fois par semaine (les absents se faisaient réprimander) et son déroulement était codifié. Venait d'abord la vérification de la bonne exécution des « tâches » qui avaient été confiées la semaine précédente à tel ou tel camarade ; puis venait le « rapport politique », dans lequel le camarade qui avait été désigné pour cela passait en revue, à la lumière de *L'Humanité*, les événements politiques de la semaine et les commentait pour fortifier dans leur foi ses camarades et pour les faire « progresser politiquement ».

Ce rapport était suivi d'une discussion générale, où chacun pouvait prendre la parole et faire profiter les autres de ses propres lumières ; s'il y avait des divergences, le secrétaire de cellule tranchait. Ensuite venaient les problèmes syndicaux, si ma mémoire est bonne, et enfin la distribution des tâches : qui se chargerait de coller *L'Huma* devant l'École, malgré la vigilance du commissariat du cinquième ? Qui s'occuperait de telle ou telle organisation de jeunesse ? Une grande « manif » avait été décidée par le Parti contre la guerre impérialiste des Américains en Corée, il fallait décider de l'heure et du lieu de départ collectif de cette manifestation et tâcher d'y entraîner ceux des normaliens qui, à défaut d'être communistes, étaient « politiquement honnêtes ».

Tout cela était fait et dit avec sérieux, on surveillait sa tenue, on employait la langue rituelle, on disait « le camarade Thorez » ou plus affectueusement « Maurice », ce chef bien aimé qui n'était pas le chef, mais « le meilleur d'entre nous ». Dire « Thorez » tout court aurait fait sursauter comme une incongruité. Tout militant avait le devoir de ne cesser de « progresser politiquement » en lui-même et d'« être le meilleur partout », même en Sorbonne, pour donner la meilleure image du Parti.

Pour ma part, n'ayant guère la foi, ne comprenant rien à la politique et ne me passionnant pas pour le triomphe du Parti, je n'ai pas pris la parole une seule fois en trois ou quatre années de réunions de cellule ; aucune phrase de moi n'a jamais été inscrite dans le Journal de cellule. J'avais beau chercher, je ne trouvais rien à dire. Ce n'est pas tout, la frousse m'a empêché de prendre part à la tumultueuse manifestation du 28 mai 1952 (il y a eu un mort et des blessés), dirigée contre une prétendue guerre bactériologique des Américains en Corée. Mes camarades, par mépris, ont fermé les yeux sur ma désertion.

Quant à mes condisciples non communistes, ils ne prenaient guère mon affiliation au sérieux : j'étais un personnage contradictoire, communiste et fin lettré, « marxiste et honnête homme ». Somme toute, la seule activité militante que j'aurai jamais eue aura été clandestine : traduire pour Althusser, à sa prière, de longues pages d'Antonio Gramsci, mais en secret : le Parti français haïssait le Parti italien, plus intelligent que lui, il est vrai, et le tenait pour hérétique.

Voyant ma nullité politique, la cellule m'avait préposé à la culture. Une fois par semaine, je faisais le tour des « turnes » pour vendre *Les Lettres françaises* à mes camarades, et j'invitais de grands noms du Parti à venir faire à l'École des conférences ouvertes à tous.

Communiste sous protection américaine

Mais, ici, cancanons un peu. J'avais invité un haut responsable dont j'ai oublié le nom. Il arrive à l'École dans une voiture de fonction dont le chauffeur était un « permanent », un camarade engagé à demeure par le Parti contre un maigre salaire mensuel. Or, après la conférence, tandis que le conférencier s'attarde à bavarder avec nous, le permanent, écœuré, raconte à quelques élèves que son patron employait chauffeur et voiture à se faire véhiculer à des rencontres amoureuses avec la femme d'une autre huile du Parti. Mais quoi, ce sont là de ces privilèges que les Grands ont partout. Comme appartement de fonction, Maurice Thorez disposait d'un six-pièces ; à un modeste camarade qui s'en étonnait, son épouse légitime, Jeannette Vermeersch, répliqua : « Tu ne voudrais tout de même pas que le Secrétaire général de notre grand Parti habite un galetas ? » On voit ici s'esquisser ce qu'auront été l'URSS et tous les régimes communistes des pays de l'Est : de nouvelles « sociétés de classes », des oligarchies inégalitaires et corrompues où la *nomenklatura* des membres du Parti aura été la nouvelle bourgeoisie.

On ne saurait croire par ailleurs quel puritanisme rétrograde régnait au Parti. La même Jeannette Vermeersch était farouchement opposée à la liberté de l'avortement. Seul l'illustre Aragon pouvait se permettre de n'être pas marié avec sa « compagne » Elsa. Au cours des années à venir, une grosse affaire secouera notre cellule : l'un de nos camarades s'était révélé être homosexuel. Cela fit scandale ; « décidément, me dis-je, au Parti, on n'en rate pas une ». Dieu merci, l'un d'entre nous (il deviendra diplomate) sut étouffer l'affaire. « L'homosexualité n'est pas une maladie, c'est un symptôme », déclara-t-il doctement à notre secrétaire de cellule. Embarrassée, notre cellule prescrivit simplement au malheureux camarade de se faire soigner.

Comme tout le monde, les prolétaires vomissaient et méprisaient les « pédés », et le Parti faisait comme eux. Il s'occupait de choses sérieuses, revendications ouvrières et soutien à l'URSS ; ce n'était pas une avant-garde féministe ni anticolonialiste. Or les colonies et les mœurs allaient être la grande affaire des Trente Glorieuses qui commençaient alors.

Qu'étais-je venu faire en cette galère ? Pourquoi avoir adhéré ? D'abord parce que j'aime admirer. Je ne crois pas être envieux, je reconnais à mes amis la capacité d'être ou de faire ce dont je suis incapable. Je la reconnaissais au futur sociologue Jean-Claude Passeron, pour qui j'avais éprouvé en khâgne une amitié mal partagée et qui était devenu membre du Parti. Devant lui, j'avais le sentiment de ma médiocrité : il était médiocre de « ne pas faire de politique » et de ne pas prendre part à la croisade communiste. Par son altruisme, sa solidarité avec les défavorisés, ce mouvement avait de la valeur, ou plutôt *c'était* une « valeur » morale.

Oui, *c'était*. Certes, le choix d'une valeur est toujours individuel (chaque individu fait son choix et huit normaliens sur dix ne choisissaient pas le communisme), mais, aux yeux de cet individu, ce choix n'est pas subjectif comme il l'est pour

Communiste sous protection américaine

les goûts et les couleurs : la valeur d'un objet est sentie comme appartenant objectivement à cet objet, et non comme venant de moi. Quand nous nous rallions à une valeur (l'altruisme, l'humanité, le respect de la nature...), nous avons le sentiment de répondre à un appel envoyé par cet objet même, d'avoir à son égard un devoir de non-indifférence, bien que les individus qui ont fait un autre choix ne sentent rien de tel. C'est cela, une valeur : c'est ce qui, selon ses partisans, devrait valoir aux yeux de tout le monde, à la manière des jugements esthétiques ; Kant l'a dit : quand nous trouvons beau un tableau, nous estimons que tout le monde devrait être de cet avis et que le tableau est objectivement beau.

Restait à savoir si l'objet aimé (le communisme et l'URSS, laquelle était le point le plus délicat en cette affaire) était vraiment si beau. Ce sera le débat intérieur de beaucoup d'entre nos camarades dans les années qui vont suivre ; pour certains d'entre eux, un doute secret avait déjà commencé.

Mais, en attendant, puisque le communisme me paraissait avoir objectivement une valeur éthique, l'honnêteté me dictait de m'y engager ; les leçons de la Résistance n'avaient pas été perdues. Si je ne m'engageais pas, de quoi aurai-je l'air, à copier des inscriptions antiques toute ma vie ? Et puis mon rêve était d'écrire des livres, ne serait-ce qu'un livre d'archéologie ; or, depuis 1789 et le romantisme anglais et français, toute main à plume doit avoir trois activités, l'écriture, les femmes et la politique. Le premier grand maître de l'Université, Victor Cousin, avait donné l'exemple.

Et dans l'éternité je ne m'ennuierai pas

En outre, le communisme avait pour lui d'avoir contre lui la *vox populi* majoritaire, cette maîtresse d'erreur. Il était beau d'y adhérer, car ce ne serait pas bon pour ma carrière. Idéal du moi, orgueil, romanesque, sotte vanité et Dieu sait quoi, j'ai pris ma carte. Et aussi défiance envers moi-même : je me savais peureux et je me suis dit qu'en cas de coup dur le Parti me contraindrait à être du bon côté, du côté des futurs fusillés.

Mais, avant tout, j'ai adhéré par altruisme, par désir de justice, par solidarité, par charité et tout ce qu'on voudra. Je n'ai pas changé : devenu octogénaire, je continue à me soucier avant tout de la répartition de la richesse en France, du plus ou moins de redistribution. Or, vers 1950, le Parti communiste paraissait être le champion des défavorisés.

L'était-il vraiment ? En réalité, son rôle était d'attiser, au bénéfice de l'URSS, la jalousie haineuse de l'autrefois grande France envers les États-Unis, plus grande puissance mondiale. L'américanophobie a succédé en France à l'anglophobie du XIXe siècle. Ah, le rôle de l'humiliation et de l'envie[1] dans les relations internationales ! Voyez la haine islamiste envers l'Occident.

Il demeure que c'est par solidarité avec les défavorisés que des dizaines de milliers d'hommes et de femmes ont cru

---

1. « Une des choses avec lesquelles il faut le plus souvent compter, chez les nations comme chez les individus, c'est l'amour-propre Un pays se résigne mal à se voir dans un état d'infériorité réelle ou apparente vis-à-vis de ses voisins, et cela lui répugne d'autant plus qu'il se sent plus grand ou plus fort d'ailleurs », A. Leroy-Beaulieu, *L'Empire des tsars et les Russes*, Paris, Hachette, 1890 ; réimp. Robert Laffont, coll. Bouquins, 1990, p. 860.

devoir adhérer au Parti, alors qu'ils n'étaient pas prolétaires et n'avaient pas d'intérêt personnel à prendre leur carte. Laissons de côté la minorité qui avait adhéré par ambition naïve ou par goût du commandement (après la chute des illusions, elle se retrouvera politiquement à droite). En revanche, je reste persuadé que la foule de non-prolétaires qui avaient adhéré au Parti sans y avoir intérêt l'avaient fait par solidarité, par sens de l'équité.

Cet amour altruiste de l'équité, certains critiques du communisme, qui ne l'éprouvaient pas eux-mêmes, n'ont donc pas pu imaginer que d'autres qu'eux aient pu l'éprouver. Si bien qu'ils ont cru attaquer au bon endroit notre engagement communiste en l'attribuant à une rêverie anthropologique bien connue, à la chimère d'une fin de l'histoire. Leur explication eut du succès et pourtant ces critiques exagéraient, ils faisaient de la satire : nous ne vivions pas les rêveries eschatologiques de l'an 1400, décrites par l'historien Jean Delumeau, ni l'épilogue de *La Flûte enchantée*.

Le Parti n'était pas chimérique, mais extrémiste. Ses revendications sociales étaient aussi réalistes qu'exigeantes ; c'étaient des revendications de pointe. Quant à la réorganisation socialiste de la société qui figurait, il est vrai, au programme du Parti, ce n'était guère qu'une noble utopie qui embellissait la nature utilitaire des revendications.

Pour comprendre la vraie motivation des intellectuels engagés, il faut s'élever jusqu'à ce qui demeure, à mon sens, l'alternative suprême de toute politique. Au temps encore à venir

Et dans l'éternité je ne m'ennuierai pas

où Raymond Aron me prendra pour un de ses disciples, il me dira un jour son fin mot : « La politique a pour but de faire vivre en paix les hommes entre eux. » En paix et donc sans lutte des classes, en particulier ; un autre jour, Aron blâmera ainsi l'absurdité des militants qui viennent attiser le mécontentement des défavorisés.

Pour ma part, j'étais partisan de l'autre terme de cette même alternative, tel que je l'imagine encore aujourd'hui ; je crois l'avoir trouvé (si ma mémoire ne m'abuse) en rêvant autrefois sur un livre admirable, le *Contre les Gentils* de saint Thomas d'Aquin : la société a pour fin de permettre à l'humanité de faire passer à l'acte ce qu'elle recèle en puissance, de faire épanouir ses virtualités, de fleurir.

Bien entendu, les deux termes de cette suprême alternative ne correspondent pas à la droite et à la gauche de notre politique empirique, chacun de ces partis pouvant faire des concessions à l'autre, ou encore faire par erreur une politique qui aboutit à l'inverse de ses vœux.

Or, me suis-je dit, en prolongeant la doctrine thomiste de la société jusqu'à l'instance individuelle, seul peut épanouir ses virtualités personnelles un individu qui dispose de ressources extérieures suffisantes : salaires, école pour tous, etc. Tandis qu'Aron blâmera à mon adresse l'inutilité de la campagne engagée par Bourdieu et Passeron contre les bénéfices de l'école réservés aux « héritiers » de la classe cultivée. À quoi bon, me dit-il un jour, dépenser des sommes insensées pour l'enseignement, alors qu'il existe une classe sociale qui four-

Communiste sous protection américaine

nit gratuitement des rejetons, éduqués dans leur famille, qui sont aptes à remplir les grandes tâches collectives ? Pendant qu'Aron parlait ainsi, je pensais *in petto* au sort des non-héritiers, dont j'étais.

Mais, dira-t-on, que faisais-je donc du plus pressant des problèmes, de la menace stalinienne, dont Aron était préoccupé à juste raison et qui était au centre de son activité de publiciste ? La Guerre froide opposait alors l'URSS avec ses satellites à l'Europe occidentale dont les États-Unis assuraient la défense. Le rideau de fer séparait l'Est communiste de l'Ouest capitaliste, du « monde atlantique ».

Chose qu'on n'imagine plus aujourd'hui, durant toutes ces années nous avons vécu, nous, Occidentaux, dans la peur permanente d'une guerre nucléaire entre l'Est et l'Ouest, d'une Fin du monde déclenchée par le bolchevisme, déjà maître de l'Europe de l'Est ; on savait Staline capable de tout. La propagande communiste, à l'Ouest, spéculait sur notre peur et attribuait le péril à l'« impérialisme américain » ; car les États-Unis, à titre défensif, préventif, faisaient étalage de leur possession de l'arme nucléaire ; cependant que l'URSS, qui la possédait aussi sans en parler, se présentait comme le camp de la Paix.

J'avais de la lecture et fort peu d'illusions sur la réalité soviétique, sur la tyrannie et la misère socialistes, les massacres, les famines planifiées, les « procès de Moscou » aux aveux truqués et les « camps de travail » soviétiques dont l'Occident venait de découvrir l'existence. À seize ans, mes condisciples

Et dans l'éternité je ne m'ennuierai pas

et moi avions tous dévoré *Le Zéro et l'Infini* d'Arthur Koestler, qui, au lendemain de la Libération, avait fait l'effet d'une bombe antibolcheviste.

Mais je comptais sur les États-Unis : j'étais communiste sous protection américaine. Un jour de ces années-là, passant par Cannes, j'aperçus quelques bâtiments de la flotte militaire américaine de Méditerranée qui étaient ancrés dans la rade. « On préfère voir ça plutôt que des cuirassés soviétiques », me dis-je à haute voix ; ma jeune sœur me jeta un regard amusé. L'idée d'une arrivée des communistes français au pouvoir me semblait chimérique. En fait, mon affectivité ne dépassait pas les limites de notre troupeau français ; j'oubliais le conflit Est-Ouest, je ne voyais que les affaires intérieures françaises, car elles me mettaient personnellement en question comme compatriote des défavorisés de chez nous.

Je ne suis pas le seul à être ainsi myope et à n'avoir pensé qu'à ma patrie. À travers les siècles, les penseurs n'ont cessé de spéculer sur la Société, sur le Contrat social, sur l'État. Quelques-uns seulement, dont Hegel, se sont souvenus qu'il y avait plusieurs États au monde, mais combien ont pris la peine de s'étonner du fait que l'espèce humaine vive ainsi morcelée en « troupeaux », comme dit Nietzsche ? Cette réalité animale était-elle digne, à leurs yeux, de la méditation d'un philosophe ?

Depuis l'éclatement de l'URSS, ces années 1950 sont devenues si lointaines qu'un rappel historique s'impose ici. Que pensaient en ce temps-là les intellectuels français et tous ceux

Communiste sous protection américaine

qui s'intéressaient à la politique, ou qui jugeaient qu'il était de leur devoir, de leur dignité de s'y engager ?

Deux noms alors célèbres symbolisent le débat français de l'époque, ceux de Jean-Paul Sartre et de Raymond Aron. Chacun de ces noms avait deux sens : Sartre était généreusement du côté des défavorisés, mais il était aveuglément prosoviétique ; Aron était très conscient du danger soviétique, mais le sort du prolétariat n'était pas son grand souci.

Pour en revenir au petit jeune homme que j'étais en ces années 1950, je ne prenais pas Sartre au sérieux ; quant à Raymond Aron, son égoïsme social me réfrigérait. En 1951, pour mes vingt ans accomplis, j'ai donc adhéré à ce mouvement communiste que je croyais au service de l'équité, mais dont je ne souhaitais pas la victoire, à laquelle je ne croyais d'ailleurs pas. Je n'ai pas cru un instant à la Société future que promettait le marxisme.

Mais, dira-t-on, n'aurait-il pas suffi qu'en 1951 je décide de voter désormais pour ce Parti, sans en prendre la carte ? Non, c'était une solution médiocre ; or je voulais lutter contre ma pusillanimité, me prouver que j'avais le courage de m'engager ; obsession de la Résistance. Tel est le fin mot de cette affaire. J'étais fier d'avoir adhéré : j'étais un homme. Et je rêvais d'écrire un petit livre, « Le communisme expliqué aux jeunes gens de la bourgeoisie ». Ce serait un exercice spirituel pour me fortifier dans ma foi, car elle en avait bien besoin.

La majorité de nos camarades de cellule étaient, eux, des croyants sincères ; quelques-uns avaient la foi du charbonnier.

Et dans l'éternité je ne m'ennuierai pas

En 2001, pour le cinquantenaire de notre promotion, j'en ai retrouvé plusieurs qui avaient gardé depuis un demi-siècle la foi de nos vingt ans.

En revanche, dans notre petit « groupe folklorique », l'intimité de plusieurs recélait une conscience déchirée qu'au fil des jours un incident laissait parfois entrevoir. L'un de nous, par délectation morose sans doute, évoquait un soir les viols soviétiques dans l'Allemagne de 1945 ; « Ne parlons pas de ce qui nous fait mal », dit vite un autre.

Un soir de 1954, loin de l'École, dans un bar solitaire, je me retrouve tête à tête avec Gérard Genette qui était alors haut placé : rédacteur en chef de *Clarté*, journal du Parti pour les étudiants. Voulant soulager ma conscience, je m'ouvre à lui. J'ai un problème, lui dis-je, ce sont les camps de travail soviétiques, car je crois à leur existence ; tant que nous sommes à Normale, nous sommes encore de grands enfants, mais, une fois sorti de l'École, il me faudra régler sérieusement ce problème. Genette ne protesta pas avec indignation et ne répondit pas un mot ; j'apprendrai un jour qu'il en pensait plus long encore.

On essayait parfois de se réconforter *a minima* : « Les camarades soviétiques ne sont décidément pas bien malins ; en France, nous ferons mieux. » Certains formulaient des réserves expresses : « Je suis d'accord avec le Parti sur tous les points, sauf sur l'esthétique », sur le catastrophique « réalisme socialiste ». Quand les choses allaient mal, on allait « se les faire expliquer » par le camarade caïman, Althusser, et on en

Communiste sous protection américaine

revenait en disant à la cantonade : « Je suis allé me faire althusser. »

Il est temps d'en venir à ce phénomène de la croyance déchirée. Non, ne songeons pas ici à la « logique affective », aux illusions passionnelles, au *wishful thinking* où l'on croit à ce qu'on souhaite, au « faux jugement que l'âme porte sur les choses lorsque quelque passion l'agite », comme dit Malebranche, ni à la « foi de la mauvaise foi » sartrienne. Notre cas était plus simpliste... ou duplice : moi-même et quelques-uns de mes pareils savions bien ce qu'était la réalité de l'Union soviétique (et encore ne savions-nous pas tout) ; alors, pour pouvoir rester communistes, nous nous efforcions de *ne pas y penser*. Bref, il va s'agir du refoulement, non d'une libido, mais d'un savoir.

Bien entendu, nous continuions à tout savoir subconsciemment, mais que faire ? C'était cornélien : conflit entre la vérité et le devoir et plus que le devoir, car, en ce temps-là, la paix mondiale était en jeu, ainsi que le sort du prolétariat (« ne pas désespérer Billancourt »). En général on refoulait les doutes tant bien que mal, l'enjeu historique et humain étant trop important. N'opposons pas la raison et les passions : il était raisonnable de vouloir que la société fût mieux faite. Certes, la véritable question vraie aurait été de savoir si le communisme était un bon moyen d'assurer la prospérité des défavorisés, mais on ne se la posait pas encore.

Puisque le Parti défend les défavorisés, il nous faut être communiste, ce qui tient chaud au cœur. Puisque l'URSS est ce qu'elle est, il nous faut être anticommuniste, car l'URSS soulève le cœur. Comment trancher ? S'il y a ici quelque « logique affective », alors une part d'affectivité se retrouve dans l'un et l'autre terme de l'alternative.

Alors, ne plus penser à l'URSS. Pour ma part, je n'éprouvais aucun sentiment chaleureux pour la patrie du socialisme et ne partageais nullement l'adoration pour le génial camarade Staline. Des dédoublements du même genre se retrouvent dans le cours ordinaire de l'existence ; lorsque, sans oublier pour autant les griefs que l'on a contre un tiers, on décide de n'en plus tenir compte et de vivre désormais en bons termes avec lui.

La croyance n'est pas toujours un état qui va sans dire (je « crois » si bien à ma propre existence que je n'y pense même pas), mais est souvent un acte (« cessons d'hésiter : c'est Marx qui dit vrai »), un parti pris, une profession de foi dont on se fait désormais un devoir de fidélité et où subsiste plus ou moins un arrière-fond de doute. Pareille croyance sur fond de savoir refoulé peut durer jusqu'à ce que mort s'ensuive. Au cours des siècles écoulés, un drame semblable s'est souvent joué pour les catholiques autour du dogme de la transsubstantiation (une fresque célèbre de Raphaël, *La Messe de Bolsena*, en porte la trace). Tout fidèle a le devoir de croire à la transsubstantiation, mais ses yeux voient bien que les apparences (les « espèces ») de l'hostie sont restées celles de la farine et ne sont pas devenues celles de la chair du Christ. On avait souvent quelque difficulté à croire à ce miracle. Alors, sur son

Communiste sous protection américaine

lit de mort, le fidèle confessait ses doutes au prêtre venu lui administrer les derniers sacrements [1].

Au Parti, plusieurs de mes condisciples et moi-même avions ainsi un fond de doute qui ne nous quittait pas ou qui, du moins, se limitait à la contestation muette de tel ou tel point de la propagande officielle. Ce malaise se trahissait parfois en une de ces plaisanteries soi-disant innocentes que tout pouvoir a raison de tenir pour coupables. C'était le temps où la propagande communiste opposait l'Amérique avec sa bombe, ce camp de la guerre, au bon parti de tous les partisans de la paix. Un jour, le camarade Passeron, qui se doutait de mes doutes secrets et qui les partageait sûrement, me confia innocemment : « Les bombes atomiques soviétiques sont des bombes pacifiques, puisque ce sont les bombes du camp de la Paix. »

Eh bien oui, camarade Milan Kundera, vous avez été exclu à juste raison du parti communiste tchécoslovaque : votre « Vive Trotsky ! » n'était pas l'innocente *Plaisanterie* que prétend le titre de votre roman, elle révélait en vous un sceptique secret.

Non, une croyance n'est pas chose simple et franche ; elle se détache toujours d'un contexte. Dans l'*Iliade*, Achille à qui apparaît l'ombre de Patrocle s'écrie : « Ainsi donc les ombres existent vraiment ! » Il y avait toujours cru, croyait-il, mais il n'en était pas moins heureux d'en avoir confirmation.

---

[1]. On en trouve des exemples au fil de l'admirable *Histoire du sentiment religieux en France* de l'abbé Henri Bremond, grand livre heureusement réimprimé chez Jérôme Million en 2006.

Et dans l'éternité je ne m'ennuierai pas

N'hésitons pas à croire à la Révélation, nous dit saint Augustin, car c'est sur la parole d'autrui que reposent presque toutes nos croyances. C'est vrai, certes, et c'est sur la parole des voyageurs et géographes que je crois à l'existence de Pékin où je ne suis jamais allé. Pourtant, si j'atterrissais à Pékin, je ne m'écrirais pas, en sortant de l'avion : « Ainsi donc cette ville existe vraiment ! »

En effet, de nos jours nous croyons à l'existence d'une ville dans le contexte d'une science géographique, d'une cartographie, de guides de voyage ; il n'y a plus de cités légendaires. Croire possible une révolution prolétarienne n'est pas une superstition millénariste, car il existe un précédent dans le contexte historique : la révolution bourgeoise de 1789.

Voici un cas anecdotique. On se souvient des « procès de Moscou », en 1937, ces monstrueux procès politiques où Staline, sous la torture, fit avouer à ses adversaires les pires méfaits, leur fit proclamer publiquement leur propre culpabilité prétendue. Eh bien, à l'Ouest, bien des personnes qui n'étaient nullement communistes, nullement favorables à Staline, crurent à cette culpabilité, parce qu'il leur manquait des précédents historiques : ils n'avaient encore jamais vu ni lu que des innocents puissent proclamer à leurs dépens leur culpabilité ; on ne savait pas encore quel monde monstrueux allait être celui du XXe siècle [1].

---

1. Tony Judt, *Thinking the Twentieth Century*, Londres, Heinemann, 2012, p. 192 et 194 : « How to be able to imagine a world for which there was no precedent ? »

Communiste sous protection américaine

Mieux encore, le penchant pour la vérité varie selon l'époque racontée. Lorsque les événements sont contemporains ou modernes, l'historien peut avoir la vérité pour règle ; pour Thucydide, l'histoire véridique qu'il narre sera à jamais un acquis *(ktêma es aei)* pour les historiens à venir, qui reprendront ce qu'il a lui-même écrit [1]. Tout change quand le passé n'est connu que par une tradition légendaire ou encore inventée de toutes pièces. L'historien Tite-Live, quand il raconte les débuts de l'histoire romaine, nous prévient : « Je ne veux ni démentir ni confirmer les légendes des origines de Rome, car un grand peuple a le droit d'embellir de fables la splendeur de ses origines. » Les Anciens distinguaient vérité et légende, mais n'éprouvaient pas, comme nous, le besoin d'hygiène intellectuelle de nettoyer leur cervelle d'une croyance légendaire. C'est au XIXe siècle seulement que l'histoire sentira le besoin impérieux de séparer, pour le principe, la vérité et la légende dans l'histoire des origines de Rome.

Mais le temps passe, le temps nous presse, et nous voici en l'an 1955, j'ai vingt-cinq ans, mes quatre ans d'École normale sont achevés, je viens de passer l'agrégation de grammaire et j'apprends qu'un jury composé de mes maîtres vient de me désigner pour être, à la rentrée, non pas professeur de lycée, mais membre de l'École française de Rome ! L'ambition de

---

[1]. Un historien ancien ne fouille pas les « sources » (à supposer qu'il y en ait), mais reprend ce que dit la tradition ou ce que les historiens précédents ont écrit. Jacqueline de Romilly a fortement montré que le *ktêma es aei* de Thucydide n'est pas destiné aux futurs hommes d'action, car ceux-ci se trouveront devant une situation singulière et différente.

toute ma carrière, le rêve de ma vie se réalisait donc : je serai archéologue professionnel ! Et, en prime, j'allais partir pour le pays qui était la vraie patrie de Stendhal et qui est la seconde patrie de tout homme de culture !

C'était mon premier poste professionnel, j'étais maintenant un adulte. Outre mon vieil amour de la culture, j'avais des attitudes politiques et aussi, sur l'au-delà, des croyances plus métaphysiques que religieuses, comme on va le voir ; ni celles-ci ni celles-là n'ont changé depuis soixante ans.

Qu'est-ce qui me retenait encore au Parti ? En ces années-là, je pensais plutôt à certains nouveaux problèmes, l'anticolonialisme et le féminisme ; en Algérie, la guerre sévissait et le Parti ne s'en souciait guère ou même, par patriotisme petit-bourgeois, était secrètement partisan de l'Algérie française. Je gardais pourtant ma carte et n'en faisais pas mystère, pour me prouver que je ne reculais pas à l'occasion devant les positions extrêmes et que j'étais partisan de l'équité sociale. Je ne la déchirerai que deux ans plus tard, en 1956.

VI.

Le conformisme des religions nationales

J'AVAIS CONSERVÉ aussi un autre impératif bien différent, être cultivé ; je « ne pouvais pas me permettre » de ne pas connaître la Toscane ou Moissac, de ne pas savoir – en gros – ce qu'était le calcul intégral, de n'avoir pas ouvert la *Critique de la raison pure*, d'ignorer quel était le fondement de l'économie politique (ce n'est ni la rareté ni la valeur-travail, mais la valeur marginale : découverte subtile des années 1860 qui fait honneur à notre intelligence). Humanisme ? Pédantisme ? Simple curiosité ? Petite atmosphère d'universalisme que je trimbalerais partout avec moi, selon l'indulgent Foucault ? (Aucun compliment ne m'a fait autant plaisir.) En outre, je sais par cœur des centaines de vers : ma mémoire de la poésie retient à première lecture un sonnet qui m'a plu ; en revanche, je n'ai aucune mémoire des noms ni des visages.

J'avais et j'ai toujours une autre lacune, ainsi qu'une ignorance : je n'ai pas de religion, ni celle des chrétiens ni aucune autre ; et, par ailleurs, j'ignore quels sentiments éprouve un croyant pour sa divinité : la piété m'est un sentiment inconnu.

Et dans l'éternité je ne m'ennuierai pas

Je ne souffre pas de ce manque, mais je le regrette, à la façon d'un être asexué qui voudrait bien savoir comment c'est fait, le sentiment amoureux. En revanche, je ne suis pas entièrement dépourvu du sens d'un inaccessible au-delà indéterminable, d'une transcendance qui me fait parfois battre le cœur, mais est-ce assez pour parler de « sens religieux » ? C'est tout au plus métaphysique.

Le Quatrième Évangile est une de mes lectures préférées, c'est le seul qui donne du Jésus historique une image digne du personnage extraordinaire qu'il fut à coup sûr. Jésus était un « charmeur », c'est-à-dire un jeteur de charmes, un ensorceleur, disait Renan (le mot de charisme n'existait pas encore). J'admire la figure de Jésus, j'admire ce beau texte, mais son charisme reste sans effet sur moi.

J'ai beau avoir lu et admiré sainte Thérèse d'Avila et saint Jean de la Croix, j'ai beau sentir que la richesse narrative, affective et spirituelle du christianisme fait de cette religion une « ensorceleuse » que n'égale aucune autre religion au monde, rien n'y fait. Dans les pages qui suivent, je vais dire, en termes un peu vifs, pourquoi je ne suis pas chrétien [1]. Soit dit pour n'en plus parler, la première raison en est mon manque d'amour.

Je ne prétends pas pour autant détourner de sa foi un seul croyant. On peut contester les données de fait qu'al-

---

1. Je n'en suis pas moins partisan de la liberté de culte et d'enseignement. En 1983, une certaine gauche a essayé de faire abolir les subventions publiques à l'enseignement privé. Cette tentative sectaire m'a indigné.

Le conformisme des religions nationales

lègue le communisme ; en revanche, discuter la foi d'autrui en un domaine non empirique serait sans objet. Pour d'autres raisons, il serait non moins absurde de discuter des goûts, des couleurs ou des préférences amoureuses. Mais j'ai un but : le violent antichristianisme primaire dont je vais faire preuve va me permettre de faire ressortir une réalité historique.

D'emblée, l'éthique catholique m'est suspecte, qui met les vertus de charité et d'humilité au service d'une autorité, d'une institution, d'une Église qui exige obéissance. Et l'anthropomorphisme du dieu chrétien, les larges pans de mythologie que contient la Révélation, me paraissent confondants.

Le comble est que la foi, qui seule peut et doit sauver l'espèce humaine tout entière, n'a été révélée qu'à une infime minorité de celle-ci, après des dizaines de millénaires, à un moment arbitraire et dans un trou perdu, Nazareth en Galilée, le dieu abandonnant à leur perte l'immense majorité de ses créatures.

Il y a pire encore, à mes yeux : la férocité vindicative et trop humaine du châtiment éternel des damnés, avec cette invention sadique et puérile des feux de l'Enfer : gêné, le très officiel *Catéchisme de l'Église catholique* ne l'enseigne que timidement. Ne serait-il pas plus urgent d'en finir avec toute cette haine que de s'opposer aux préservatifs ou au sacerdoce féminin ?

Malheureusement, il est impossible de changer un mot à une Vérité révélée. On se demande alors ce qu'un intellectuel catholique de haut niveau, d'une honnêteté intellectuelle au-dessus de tout soupçon, tels le grand esprit qu'est Henri-Irénée Marrou ou le très regretté René Rémond, croyait réellement, serait-ce à son insu. C'est là que je voulais en venir à travers tant de violence antichrétienne, car j'ai connu quelque chose d'analogue en un domaine empirique : ne pouvant croire à bien des choses, on les ignore pour conserver sa foi et la chaleur qu'elle donne au cœur.

En principe, il faut tout accepter d'une Révélation divine, sinon elle s'écroule tout entière, car elle ne saurait recéler la moindre fausseté. Ce tout ou rien fut le drame du jeune Renan, qui perdit la foi : sa raison n'avait pu en accepter quelques parties. Renan aimait pourtant le christianisme et en vivait la spiritualité. Je suppose (et ne fais que supposer : je n'ai pas reçu de confidences) qu'à leur insu, subconsciemment, bien des croyants se taillent un catholicisme à leur convenance et n'en conservent que le génie, la spiritualité, la fine fleur.

Tel serait l'état actuel de la croyance chez bien des fidèles. Les historiens et sociologues devraient alors compter avec la place non négligeable qu'occupent, à toute époque sans doute, les demi-croyances de tout ordre, religieuses ou politiques, demi-croyances qui s'ignorent, à côté de la foi la plus entière.

Si le lecteur n'a pas encore jeté ce livre au feu, il a pu voir que mon manque de sens religieux consistait d'abord à ne pouvoir croire à un Dieu personnel ; je ne vibre pas davantage à l'idée d'un Dieu immanent au processus cosmique selon White-

Le conformisme des religions nationales

head. Les deux ou trois expériences extatiques que je traverserai n'auront rien de mystique non plus, comme on verra.

Néanmoins, j'aimerais qu'il existe « autre chose » qui nous dépasse, qui nous surplombe, nous entoure et qui, à la rigueur, donne un sens à notre présence sur terre. Et si c'était réel ? Le sentiment qu'un pareil être (c'est trop dire : une pareille entité) puisse exister me communique une émotion *sui generis* qui me fait chaud au cœur pendant une minute. Bien qu'il n'y ait pas d'amour en tout cela, je l'ai dit. Je ne donne pas de visage à cette entité, je n'en fais pas une personne (ce serait de l'anthropomorphisme) ; son mode d'existence n'est à coup sûr aucun des modes de nous connus.

Néanmoins, dès que je m'interroge sur ce « quelque chose », un petit frisson me parcourt qui satisfait ma curiosité pédantesque et flatte ma vanité d'homme de culture. Pour qu'il me chauffe le cœur un instant, je me récite saint Jean de la Croix :

> Je sais bien, moi, la fontaine qui coule et court
> Malgré la nuit...

Ou les vers de l'inoubliable Catherine Pozzi, que j'ai découverts à vingt ans :

> Très haut amour, s'il se peut que je meure
> Sans avoir su d'où je vous possédais...
> Vive unité sans nom et sans visage,
> Cœur de l'esprit, ô centre du mirage,
> Très haut amour...

Et dans l'éternité je ne m'ennuierai pas

Et aussi :

> Je ne sais pas pourquoi je meurs et noie
> Avant d'entrer à l'éternel séjour,
> Je ne sais pas de qui je suis la proie,
> Je ne sais pas de qui je suis l'amour.

Comme on voit, ma sécheresse de cœur passe par la poésie pour éprouver, pendant une minute et à travers les mots d'autrui, le sentiment d'un au-delà qui est sublime, inaccessible à notre expérience et qui fait battre le cœur. L'« impression » (dirait Hume) d'une transcendance. La majorité des humains ont ce sentiment, à coup sûr, qui devient plus consistant quand il est supporté par une fabulation. « La religiosité est une catégorie *a priori* qu'on ne peut dériver d'autre chose », écrit à juste raison Georg Simmel. Elle ne provient pas de la peur d'une humanité désarmée qui irait s'imaginant trouver un secours au Ciel ; ce n'est pas non plus une explication naïve des énigmes de ce bas monde...

Décidément, le sens religieux doit exister peu ou prou chez tous les hommes, puisque même moi, grâce à la poésie... Alors, chercher du secours dans la prière ? Vous me parlez là d'une chose qui m'est inconnue. Le chercher dans les Livres saints ? Ce ne sont pour moi que des documents historiques. Le sentiment de la transcendance ne fait pas sur moi une « impression » assez forte pour que je puisse croire à une religion narrative ou doctrinale.

Si bien que j'envie mes beaux-frères et belles-sœurs que j'accompagne quelquefois à la messe. Ils ont oublié en partie le

Le conformisme des religions nationales

catéchisme de leur enfance, mais, sitôt qu'ils entrent dans un sanctuaire, ils partagent le recueillement et la ferveur qu'on y respire et ils sont croyants.

Ma compagne et moi avons une grande amie polytechnicienne, Dominique Senequier, qui est « une des trois femmes les plus puissantes de France » (écrivent les journaux financiers américains) ; elle aime venir partager cette émotion dans les églises et se tient pour croyante. La Vierge Marie et tout ça, elle n'en a que faire, selon ses propres termes. Mais, durant ses temps d'épreuve, elle trouvait un grand secours dans la prière : elle demandait son aide à « quelque chose » qui, pour elle, existe. Non certes un secours matériel, mais un réconfort intérieur.

D'autres croient moins à la religion qu'ils ne la respectent ; ils vont à la messe pour accomplir ce qu'ils sentent être un devoir élevé. N'était-ce pas ce que j'éprouvais moi-même quand je me rendais à mes réunions de cellule ? Si ce n'est que leur vérité à eux est bel et bien transcendante et donc proprement religieuse[1]. La religiosité peut même se limiter au sentiment que « la religion est respectable », phrase qu'on entend répéter depuis deux siècles ou davantage.

C'est l'universelle « impression » de transcendance qui a donné lieu aux religions établies et à une pratique religieuse qui, aux époques révolues ou ailleurs dans le vaste monde,

---

1. On dit que le fascisme ou le communisme sont des religions politiques. C'est un grossier abus de langage. Le sentiment de transcendance est *sui generis*, la religion ne ressemble à rien d'autre qu'à elle-même.

dépasse ou dépassait le cercle étroit des seuls vrais croyants et qui est ou était celle de tous, par un de ces conformismes où chacun « fait comme tout le monde ». Ce conformisme superficiel [1] n'existe plus dans notre Occident, mais il a régné jusqu'à ce jour dans toutes les sociétés de nous connues : toutes ont eu leur religion.

Certes, ce conformisme a toujours coexisté avec de rarissimes exceptions individuelles de totale incroyance : sous Louis XIII, sous Saint-Louis même, une poignée de lettrés incroyants, de « libertins », parlaient de la « Fable biblique » au sens où l'on parlait de la Fable païenne (de la mythologie antique).

Je ne songe pas à ceux-ci, mais au degré inégal de piété individuelle au sein même d'une société pleinement religieuse. Dans notre Occident, autrefois, tout le monde se considérait comme croyant, mais chacun l'était plus ou moins. Il y avait des croyants qui n'y songeaient guère et des indifférents qui s'ignoraient. Les « virtuoses », comme dit Max Weber, sont toujours une minorité, la médiocrité conformiste a toujours régné. Sous Louis XIV, les rapports des tournées épiscopales attestent avec déplaisir que, dans trop de villages, pendant la messe, un groupe d'hommes restait sur le parvis de l'église sans y entrer pour y suivre l'office.

---

1. Gabriel Le Bras, *Études de sociologie religieuse*, Paris, PUF, 1955, t. I, p. 68 et 75-267 *passim*. Ce grand sociologue, lui-même croyant, constate que « la plupart des réfractaire canoniques sont des réfractaires sociaux » (p. 240), des exceptions marginales, mais il peut néanmoins se demander : « La France a-t-elle été jamais christianisée ? » (t. II, p. 564 et n. 4.)

Le conformisme des religions nationales

Mais enfin, conformisme ou pas, quasiment tout le monde croyait en Dieu, beaucoup avaient ainsi un coin de chaleur dans le cœur et recouraient à la prière en cas de malheur. Tandis que moi, je ne peux pas dire, comme Jean Racine,

> L'âme heureusement captive
> Dans son sein trouve la paix
> Et s'enivre d'une eau vive
> Qui ne s'épuise jamais.

Notre XXIe siècle redeviendra-t-il religieux, comme les journaux ne cessent de le répéter ? Oui, je le suppose, mais, j'imagine, par une multiplication de sectes diverses, souvent plus affectives et émotionnelles que dogmatiques et ritualistes, et qui, à elles toutes, ne recouvriront pas toute la population. Il y aura aussi quelques sectes philosophiques (j'essaierai plus loin de suggérer que le heideggérianisme en est une).

Il restera cependant un bon nombre d'indifférents. Je ne peux croire au rétablissement d'une religiosité s'étendant à toute une société ; il faudrait pour cela un conformisme de masse ou une morale d'État [1], ce qui n'est plus de notre temps. Déjà, en France, le catholicisme n'est plus installé paisiblement dans sa normalité de religion des Français, comme il l'était il y a seulement quarante ans. Il est devenu une « secte » (où chacun *choisit* d'entrer ou de demeurer), plus qu'il n'est encore une « religion » en un sens sociologique du mot (c'était une

---

[1]. G. Le Bras, *Études de sociologie religieuse, op. cit.*, t. II, p. 583 : « Le mythe de la France chrétienne déguise trop souvent la religion d'État. »

Et dans l'éternité je ne m'ennuierai pas

« religion » au temps où l'on *naissait* chrétien, de même qu'on naissait sujet du Roi).

Dans le paisible village provençal où j'habite (j'en suis même citoyen d'honneur), mes yeux ont vu quelque chose qui m'a navré. À vingt kilomètres de chez moi s'élève au bord de la route une sorte de grand entrepôt qui porte en lettres immenses l'inscription *Église chrétienne évangélique*. Un couple de cultivateurs de ma lointaine parenté s'y rend chaque dimanche. Ils n'ont rien de particulier, ils sont évidemment baptisés, ils sont âgés. Je les ai suivis un jour, par curiosité. L'entrepôt était plein de fidèles, l'office était fait de cantiques chantés par tous et, à un moment, la cultivatrice de ma connaissance s'est mise à « parler en langues », comme dans la Parousie des Actes des apôtres : elle est entrée en transe et s'est mise à bafouiller à voix haute des syllabes dépourvues de sens qui se bousculaient dans sa bouche.

Reprenons. Je ne suis pas croyant, mais je voudrais croire en revanche à une sorte d'immortalité de l'âme [1] (ne me demandez pas de préciser) : à peine serai-je mort que « je » découvrirai que ce n'est pas le trou noir, le néant. Si bien que, dans l'éternité, « je » ne m'ennuierai pas. « Je » ne ressusciterai évidemment pas sous forme de fourmi, de lion ni d'ange (immortalité de l'âme et « vie » éternelle font deux), mais je serai au sein de l'Âme universelle. Je ne crois pas que nos pensées et

---

1. G. Simmel, *Lebensanschauung* (*Gesamtausgabe*, vol. 16, Francfort, Suhrkamp, 1999), p. 338.

Le conformisme des religions nationales

nos souvenirs soient produits par les interconnexions de nos neurones : la petite télévision personnelle, plus ou moins puissante selon les espèces animales, que chacun de nous a dans sa boîte crânienne est un récepteur et non un émetteur. Eh bien oui, j'ai envie de le croire : le cerveau ne sécrète pas la pensée, il la capte, plus ou moins amplement et correctement.

On nous rebat les oreilles avec les neurones, alors que le cerveau est dans l'étendue et que la pensée, les idées, les souvenirs sont impalpables. En fait, tout dans la nature est, je crois, intuition génératrice et pensée en sommeil. En gros, il y a du vrai chez Plotin ou chez Bergson. L'ADN n'est qu'un plan d'architecte : mais qui transporte les cellules là où il faut qu'elles soient placées pour qu'elles bâtissent un estomac, un poumon, un fœtus ? Et qui a tracé le plan ? Oui, des causes finales et formelles existent, mais d'où sortent-elles et à quoi aspirent-elles ?

VII.

L'Italie, enfin elle !

JE NE PENSAIS GUÈRE À LA RELIGION à l'automne 1955, en partant pour l'Italie ! J'allais y séjourner deux ans comme membre de l'École française de Rome. Je laissais derrière moi ma femme Simone, interne des hôpitaux parisiens, ainsi que mon *alter ego* Georges Ville, mobilisé en Allemagne au titre du rappel du contingent ; il avait pour mission de surveiller la dislocation de l'aviation soviétique sur les aérodromes tchèques : on était en pleine Guerre froide et une invasion soviétique était de l'ordre du possible. Ville aimait profondément le métier militaire ; il me parlait affectueusement de son capitaine, dont il était le préféré et qui le prenait avec lui comme navigateur lorsque tous deux, en chasseur biplace, allaient d'Allemagne vers un aéroport militaire français.

Avant de quitter la France, j'avais voulu faire la visite de l'étudiant au grand écrivain, comme on fait dans les romans russes. Au lycée, j'avais découvert René Char dont le génie poétique avait été aussitôt évident pour moi. J'avais lu et relu

Seuls demeurent, dont je savais par cœur plusieurs poèmes. Je n'ignorais pas que Char avait été une des grandes figures de la Résistance.

Je lui demande par lettre un rendez-vous, qui m'est accordé, et je me rends chez lui, rue de Chanaleilles, dans le septième arrondissement. On sait quelle était la stature physique et la vertu de force de ce général de Gaulle de la poésie. Pendant deux heures, il évoqua divers souvenirs récents et ne parla guère de poésie, sauf pour faire l'éloge de Reverdy. Cette entrevue avec un jeune inconnu insignifiant n'eut rien de mémorable. Mais, pour la première fois de ma vie, j'avais vu de mes yeux un de ces écrivains dont les manuels de littérature m'avaient tant parlé, de la classe de quatrième à l'agrégation comprise. Et René Char aura été la seul personnalité charismatique que j'aie rencontrée de ma vie. Je sortis de chez lui avec le sentiment physique d'avoir reçu un coup de soleil. Je me promis de ne jamais le revoir, sentant bien que je succomberais à son charisme et qu'en conséquence il me dédaignerait et me rejetterait. Je le reverrai pourtant un jour, et même plus de cent fois, mais ce sera trente ans plus tard et dans d'autres conditions.

Je reçus une visite fort différente avant de quitter la France. En temps de Guerre froide, un communiste était un traître potentiel aux yeux des autorités policières. Un de mes condisciples d'École normale, qui se révéla dénonciateur professionnel, vint me parler sévèrement ; il me fit savoir que, dans l'intérêt supérieur de ma mission scientifique, il avait jugé bon,

L'Italie, enfin elle !

cette fois, de ne pas signaler aux services compétents que le communiste que j'avais été avait quitté Paris pour Rome. Il s'en faisait un mérite.

L'Italie, enfin elle ! L'Italie sera un festin de découvertes, de délectations et de travail. J'y mènerai une existence assez libre, mes professeurs d'art de vivre, Stendhal et Valery Larbaud, étant tous deux célibataires. La France a deux établissements à Rome, la poétique Villa Médicis, où elle loge comme ses boursiers des artistes, des musiciens, des écrivains ; et le Palais Farnèse qui est le siège de notre ambassade et où est logée aussi, sous les toits, l'École française de Rome ; celle-ci abrite et salarie durant deux ans une poignée de jeunes gens, archéologues, antiquisants, médiévistes et aujourd'hui sociologues. J'y arrivai au volant de la traction-avant Citroën 420 BL 84 ! C'était un grand jour.

Nous étions cette année-là quatre antiquisants et avions pour obligation d'écrire et de publier un article scientifique, puis, au terme de notre séjour, de remettre un mémoire, fruit de nos recherches romaines, à l'Académie des inscriptions qui le jugerait et en rendrait compte. Ce mémoire devait avoir rapport avec ce qu'on peut voir en Italie, car pourquoi séjourner à Rome pour y faire ce qu'on ferait aussi bien dans une bibliothèque parisienne ?

Aux yeux du Parti communiste français, son homologue italien sentait le fagot. Je pris donc contact avec celui-ci, mais surtout par snobisme, par fétichisme : posséder une carte à mon nom du Parti communiste italien ! La carte me fut refusée parce que je logeais sous les toits de l'ambassade.

Le professeur Jean Bayet, notre directeur, nous laissait choisir en toute liberté nos sujets de recherche scientifique. Jean Bayet était un éminent latiniste et il avait beaucoup de sensibilité littéraire, artistique et architecturale. En 1944, il avait perdu son fils François qui, à l'âge de seize ans, ayant vendu ses timbres-poste pour payer le voyage, s'était enfui de la maison paternelle pour rejoindre la Résistance et a péri dans un camp de la mort lente. On ne sait où est sa tombe.

Quant à nous, nos journées se passaient à travailler, réunis autour d'une immense table, au centre de la bibliothèque de l'École, en échangeant de part et d'autre des références érudites. Quelquefois nous visitions tous ensemble un des musées archéologiques de Rome, en nous arrêtant à chaque objet exposé, en en discutant et en nous chamaillant sur sa date (c'est-à-dire, implicitement, sur son style, qui est, le plus souvent, le seul moyen de dater une œuvre d'art antique). Nous sortions épuisés de ces visites.

Nous avions licence, par ailleurs, de quitter Rome et de sillonner l'Italie pour nos recherches ou simplement pour découvrir ce pays. J'en ai profité largement, car, en première année, j'ai étudié la distribution antique de la propriété foncière dans la province de Bénévent, non loin de Naples. En seconde année, dans mon mémoire, j'essayais d'interpréter le sujet et la fonction d'un certain nombre de bas-reliefs figurés, dispersés à travers toute l'Italie. C'était de l'iconographie

L'Italie, enfin elle !

et non de la stylistique, car cette dernière aurait dépassé les capacités de ma sensibilité et de ma plume ; je ne le dis pas par fausse modestie, mais par amertume. J'enviais Robert Turcan qui, de l'autre côté de notre table de travail, savait tourner des phrases pour dater stylistiquement la série de sarcophages qu'il étudiait. Il nous arrivait aussi de faire du tourisme culturel. Un dimanche, nous avons quitté Rome très tôt, tous les quatre, sous un ciel d'un bleu léger, pour aller à Arezzo voir les Piero della Francesca.

L'Italie de 1955 que je parcourais pour mes bas-reliefs était antérieure à l'âge des autoroutes. J'ai été fasciné par le sud de la Botte, par le Mezzogiorno, si pauvre en ce temps-là ; c'était presque une autre nation, peu moderne et à peine européenne ; je m'y croyais parfois revenu au XVIIe siècle. À l'entrée d'Acerenza, en Campanie, les gamins de cette bourgade ont accueilli à coup de cailloux ma noire voiture étrangère ; les choses ont changé depuis et il doit y avoir aujourd'hui une boutique Armani dans la grand-rue toute neuve d'Acerenza.

Mais, en 1955, c'était toute l'Italie, si riche aujourd'hui, qui était un pays pauvre où les ruines de la guerre étaient encore visibles (Bénévent, très bombardée, était en reconstruction) ; les Trente Glorieuses commençaient à peine et, au Nord comme au Sud, les voitures n'étaient pas très nombreuses. Il n'y avait pas non plus beaucoup de touristes, sauf, sur les plages de l'Adriatique, des Allemands au mark déjà puissant.

En sillonnant l'Italie, j'avais soin, par respect pour mon métier et pour ne pas voler l'argent du gouvernement, de

Et dans l'éternité je ne m'ennuierai pas

visiter avant tout les sites et musées archéologiques, sans me conduire en touriste. En allant voir, dans le Frioul, les fouilles d'Aquilée et un bas-relief important, j'ai eu soin de ne faire étape qu'un seul jour dans une Venise où, du reste, les touristes étaient rares ; j'ai entrevu Saint-Marc et les Tintoret de la Scuola San Rocco.

Je suis retourné si souvent en Italie, depuis soixante ans, que les époques se confondent dans ma mémoire. De mon séjour au Farnèse, il me reste cependant quelques dates initiales qui me font encore tressaillir : le jour où, du belvédère d'Assise, j'ai contemplé la plaine d'Ombrie ; celui où j'ai vu, à l'horizon du grand Sud italien, du *Mezzogiorno* de légende, le roc de Terracine, antique Anxur, pointer sur l'horizontalité de la plaine pontine (un vers latin a chanté dans ma mémoire : *impositum saxis late candentibus Anxur*).

Me voici au sud de Naples, le 2 décembre 1955 ; je veux éviter Sorrente (qui est, dit-on, encombrée) et rejoindre la route côtière de Salerne, car j'avais un docte compagnon de voyage qui souhaitait voir au passage je ne sais quelle église arabo-normande. Je coupe donc à travers une péninsule rocheuse quand soudain, à la sortie d'un dernier virage, je freine, stupéfait et émerveillé : devant nous s'allonge vers l'horizon marin une enfilade de caps qui surplombent la mer en s'éclipsant l'un l'autre : nous découvrions la côte de Positano et d'Amalfi.

Sur l'autre mer qui baigne l'Italie, mon compagnon de voyage et moi avions découvert un curieux témoignage de

L'Italie, enfin elle !

la piété populaire, témoignage aujourd'hui disparu, à Monte Sant'Angelo, au sommet du promontoire du Gargano. Ce promontoire n'est autre que l'éperon de la botte italienne, qui fait saillie, à droite, sur l'Adriatique, au-dessus de la ligne de côte rectiligne qui descend jusqu'au talon. Du sommet du promontoire, le spectacle de cette côte des Pouilles qui fuit tout droit vers l'horizon est surprenant, à la façon d'une carte de géographie qui serait grandeur nature et évoque l'immensité de l'inconnu.

Cette côte nous tentait, nous la savions bordée tout au long, contre les Barbaresques, de grandes cathédrales-forteresses qui ont le chevet dans l'eau. Mais le devoir appelait mon compagnon au sanctuaire du mont. Sur le flanc de cette église s'ouvre une grotte souterraine dont la paroi disparaissait lyriquement sous le bric-à-brac d'une myriade d'ex-voto serrés à se toucher : remerciements manuscrits à saint Michel Archange, coupures de journaux relatant un accident de voiture qui n'avait pas été fatal, béquilles, plâtres de bras et de jambes cassés... Il n'y avait pas d'auberge sur le Gargano et nous avons passé la nuit dans ma voiture.

Trente ans plus tard, je suis revenu sur les lieux avec ma femme, tous les hôtels du Gargano étaient pleins, mais nous avons trouvé à louer une chambre dans un monastère. Quant à la grotte, ses parois étaient nues à présent, nettoyées du moindre ex-voto, une grille la fermait, tout était *clean*.

Je n'ai pas le sens de l'architecture, c'est un art trop savant, trop complexe ; je n'ai pas non plus le sens de la troisième dimension. Pourtant, un dimanche où nous étions allés nous récréer aux sources, au bosquet et au temple du Clitumne, mon compagnon de route m'a fait faire un crochet vers Todi, où je me suis trouvé devant la première architecture qui ait parlé à mes sens : une église, mais ronde, l'église de la Consolation, bâtie « sur plan carré ». J'y suis retourné plus d'une fois. Depuis ce jour, je n'ai jamais pardonné à Saint-Pierre de Rome, avec sa longue nef et sa longue façade insipide, de n'être pas rond, de n'être pas construit sur le plan carré qu'avait prévu Michel-Ange ; le plan de la maquette de bois qui témoigne encore de son projet initial est au musée du Vatican.

La langue italienne à laquelle je m'étais initié dans *Don Giovanni*, je l'apprenais maintenant par l'usage. Je n'ai pas oublié le jour où j'ai découvert le mot *roba*, « chose, objet, truc », etc. Je prospectais les sites antiques des Abruzzes et, cette fois, c'était aux côtés de Simone Solodiloff, qui était plus que jolie, elle était belle. Nous arrivons dans une bourgade dont je désirais visiter le dépôt archéologique. Nous dérangeons pour cela le repos des gardiens du dépôt, deux vitellons plus que felliniens qui en portaient les attributs, la longue écharpe blanche et le manteau en poil de chameau. Ma belle compagne ukrainienne les intéressait plus que ma personne. L'un d'eux finit pourtant par dire à l'autre, en levant mentalement les yeux au ciel, « Cosa vuole ? », que veut ce type ? « Vuol' vedere della roba archeologica », répondit l'autre en haussant mentalement les épaules. Et en effet ils nous ont fait voir de la robe archéologique.

L'Italie, enfin elle !

Dans presque tous mes autres voyages, j'avais pour compagnon de route le camarade dont j'ai parlé, grand connaisseur en antiquité chrétienne et en architecture sacrée. Sous sa conduite, j'ai visité je ne sais combien d'églises d'Italie ; il m'instruisait beaucoup. J'éprouvais pour lui de l'amitié ou du moins de la camaraderie, car c'était un bon compagnon qui supportait mes foucades. Quant à lui, je voyais bien qu'il était amoureux de moi, mais je savais n'avoir rien à redouter : il était trop fermement, trop fortement en possession de sa foi chrétienne. Il m'avait confié que le rêve de sa vie était de se faire prêtre, mais ce catholique aux idées avancées avait dû y renoncer, car il serait resté curé de village à vie et n'aurait jamais été élevé à l'épiscopat.

En effet, nous étions sous Pie XII, et les catholiques français n'étaient pas en odeur de sainteté au Vatican ; ceux-ci le lui rendaient bien. Un dominicain français de nos relations, qui avait pour moi de la sympathie à cause de mes idées avancées, m'a confié un jour : « Il faudrait que le pape meure » ; j'en suis resté ébahi, presque scandalisé, ayant oublié que pour mon interlocuteur la vie était éternelle ; son souhait n'était donc pas impie.

Le plus émouvant spectacle de piété que m'ait offert la capitale de la chrétienté m'est tombé sous les yeux sur la place Saint-Pierre. Ce matin-là, une foule de cent mille personnes peut-être remplissait cette place et, debout, agitée sur place, levant les bras, criant, acclamait le pape à sa fenêtre ; certains élevaient des banderoles. Mais, un peu à l'écart sur le parvis de la basilique, une femme agenouillée, le visage dans ses mains, seule dans l'embrasure des énormes portes, ignorant ce qui se passait autour d'elle, était perdue dans sa prière.

« La religion est surtout émouvante pour qui n'y croit guère ; je suis toujours ému quand je vois prier », écrit Benjamin Constant dans son *Journal*. J'avais fait avec émotion, à Sant'Agostino, la découverte de la sublime *Madone des Pèlerins*, avec son couple de paysans agenouillés, abîmés dans leur prière, dans leur vénération, au pied d'une Vierge dont le visage sans émotion s'inspire de quelque marbre antique de déesse païenne. Tout récemment, ce visage a choqué, a déçu une dominicaine de nos amis. Je ne crois pas que le Caravage ait eu la foi.

On parlait beaucoup des beaux-arts en Italie, ou du moins dans le milieu que je fréquentais. La grande *Maestà* de Sienne venait d'être restaurée et ce fut un événement qui fit date : l'avant-guerre, la guerre et l'après-guerre étaient maintenant du passé, l'Italie de toujours était toute neuve. Deux autres peintres faisaient les frais des conversations, le Caravage que l'illustre *connoisseur* Roberto Longhi venait de mettre en gloire [1], et Lorenzo Lotto que la jeunesse d'avant-garde opposait aux grands Vénitiens comme elle opposait les prolétaires aux capitalistes. L'architecte qu'on venait de redécouvrir était Borromini. N'allons pas parler ici de « mode » : le goût moderne, qui s'est arraché depuis longtemps à l'académisme, a

---

1. Exposition «Le Caravage et les caravagesques » à Milan, 1951 ; livre de R. Longhi sur le Caravage (publié simultanément en italien et en français), 1952.

L'Italie, enfin elle !

des yeux pour voir toutes les sortes de beauté ; qu'on songe que, vers 1850, le *Printemps* de Botticelli était ignoré ou dédaigné et que Piero della Francesca n'est en gloire que depuis les années 1920.

Mon compagnon de voyage et moi-même n'étions pas peu fiers de pouvoir dire que nous comprenions l'avant-garde du moment : la peinture abstraite, l'art non figuratif. En outre, je me suis mis à voler l'argent du gouvernement : je me suis pris de passion pour la peinture italienne, qui, dans mon cœur, disputa un moment la première place à l'archéologie. Je hantais les galeries et les pinacothèques, je feuilletais les livres d'art que contenait la riche bibliothèque du Farnèse, des souvenirs de tableaux me repassaient sans cesse devant les yeux, d'innombrables noms de peintres me tournaient dans la tête, Mais je ne regrette rien ni ne me fais d'illusions : je n'avais pas en moi l'étoffe d'un professionnel de l'histoire de l'art.

Entre ma première et ma seconde année de Farnèse, au début de l'hiver 1956, je romprai définitivement avec le Parti communiste, lorsque les tanks soviétiques entreront en Hongrie ; ainsi fera aussi une moitié du demi-million de membres que le Parti comptait alors.

En arrivant au Farnèse, en octobre 1955, je n'avais pas fait mystère de mon appartenance au Parti, alors qu'en réalité je n'y croyais plus qu'à moitié ou moins encore. Je posais au communiste par snobisme et aussi pour ne pas me sentir carriériste (le petit monde des humanités classiques était majoritairement à droite). Il y avait une cloison étanche entre l'École française, logée sous les toits du Farnèse, et les diplomates qui occupaient tout le reste du vaste palais ; il n'en était pas moins piquant d'être communiste à l'intérieur d'une ambassade. En fait, depuis la mort de Staline, en 1953, et les commencements du « dégel », nos convictions branlaient dans le manche. En février 1956, le célèbre rapport Khrouchtchev, qui étalait les crimes de Staline et tout un pan de la réalité soviétique, achevait de nous rendre la vie impossible : nous voulions bien faire quelques efforts pour continuer à croire en l'URSS, mais encore fallait-il que Khrouchtchev ne nous ait pas rendu la tâche plus difficile.

Passons rapidement sur ces péripéties tragiques et ridicules. Logiquement, le Rapport, qui marquait la fin du stalinisme et de ses crimes, aurait dû améliorer la position des partis communistes aux yeux de l'opinion occidentale ; le Parti italien l'espéra un moment : j'ai vu les murs de Rome couverts d'une affiche, « *È caduta la cortina di ferro*, le rideau de fer est tombé ». Vain espoir : le Rapport avait tué toute créance ; en ce mois de février 1956, l'âge de croire aux légendes venait de prendre fin. Alors, faire un grand geste, rendre sa carte ? C'était faire une colère de dupe, de cocu, se ridiculiser, être le rat qui quitte le navire ; mieux valait laisser venir l'oubli.

Quand soudain, en novembre, coup de tonnerre : les chars soviétiques entrent dans Budapest. Alors beaucoup d'entre nous déchirent leur carte ; c'est là qu'a commencé la lente et irrémédiable agonie du Parti. Le viol de la Hongrie nous avait

L'Italie, enfin elle !

donc tellement révoltés ? Certes, mais surtout nous avions saisi la bonne occasion : nous n'étions plus des rats, des cocus, nous étions *indignés*. J'ai donc rompu avec le communisme et n'en ai pas fait un drame ; en fait, je n'avais jamais pris vraiment à cœur le Parti, auquel je n'avais adhéré que par altruisme mal placé. Affaire réglée.

Ce n'était plus le communisme qui pouvait agiter les consciences : depuis deux années une guerre d'indépendance, atroce des deux côtés, avait éclaté en Algérie. Ce que je prenais à cœur, cette fois : cette guerre était le nouveau problème éthique.

Trois ans plus tôt, juste avant le début de la guerre, un séjour archéologique en Algérie m'avait fait faire mon premier voyage en avion (un lent Bréguet deux-ponts à hélices) et fait entrevoir une société coupée en deux par l'inégalité raciale, une société anachronique en cet après-guerre. Dans le « bled », Simone Solodiloff, qui m'accompagnait, et moi-même avions été fort bien reçus par les « indigènes », à qui, de propos délibéré, nous parlions d'égal à égal (ces indigènes commençaient à se révolter contre le tutoiement) ; nos interlocuteurs devinaient que nous étions des « continentaux » et non des colons.

Nous nous rendons aux fouilles de Djemila-Cuicul, dont la très respectable directrice, Yvonne Allais, qui était protestante, parlait non moins courtoisement à ses hommes. Elle nous fit à tous deux le meilleur accueil, alors qu'elle ne pouvait ignorer que nous n'étions pas encore mariés, chose grave en ce temps-là. Nous avons fait un séjour de rêve dans le charmant petit hôtel de Djemila, dont nous étions les seuls hôtes et qui, quelques mois plus tard, deviendra un centre de torture militaire.

La France n'avait pas compris que, partout dans le monde, le temps des colonies était passé ; dès 1941, Roosevelt l'avait prévu dans l'article 3 de la charte de l'Atlantique. Quelles que fussent les atrocités des combattants algériens, l'attitude française était indéfendable, au nom du droit des peuples à disposer d'eux-mêmes et à résister à l'oppression étrangère. Aujourd'hui, le mot de colonie désigne une chose du passé. Ainsi vont de pair les faits et les valeurs ; en devenant caduc, le colonialisme se révélait impensable, immoral, comme l'est devenu lentement l'esclavage antique.

À l'École de Rome, une tradition ou peut-être le règlement veut qu'au cours de leur seconde année les antiquisants aillent faire un trimestre de fouilles archéologiques en Afrique du Nord française, dans le bled. Le soulèvement de l'Algérie, qui s'appellera un jour guerre d'indépendance, avait éclaté deux ans auparavant. Notre prédécesseur, Pierre Pouthier, fouillait cette année-là à Cherchell ou à Tipasa, je ne sais plus, quand, un jour de novembre 1954, ses ouvriers sont venus lui dire : « Aujourd'hui on tue tous les Français, mais toi, on ne te tue pas parce que tu es gentil. » Désormais, les fouilles en Algérie se déroulaient sous la protection de l'armée française. Les quatre antiquisants que nous étions décidèrent de refuser d'aller fouiller là-bas ; chacun de nous avait ses raisons.

L'Italie, enfin elle !

Le directeur de l'École nous avait convoqués dans son bureau pour nous signifier notre mission. Il nous dit combien notre présence sur un chantier de fouille algérien serait significative de la présence française en Algérie et qu'il comptait sur notre courage pour faire notre devoir de patriotes ; sur place, les troupes françaises assureraient notre sécurité. On pouvait lui rétorquer que l'obligation de fouiller en Algérie n'était pas inscrite dans le règlement de l'École ou faire quelque autre objection. Je lui dis que je refusais d'aller représenter la science en Algérie dans des conditions « qui faisaient de moi un missionnaire botté ». « Dans ce cas, me dit-il, vous devez me donner votre démission. » « Je vous la donne », dis-je. Le directeur voulut bien ne pas répondre qu'il l'acceptait et parla d'autre chose.

Finalement, on m'a envoyé fouiller pendant un trimestre à Utique, en Tunisie déjà indépendante. Je n'ai pas oublié le premier jour de ma fouille. Ce matin-là, lorsque sont arrivés les ouvriers qui venaient d'être embauchés, je leur ai payé d'avance leur journée de travail et je les ai laissés repartir, en leur disant de revenir au début de l'après-midi ; c'est ce qu'on m'avait dit de faire, afin qu'ils puissent acheter de quoi manger et avoir ainsi la force de piocher le reste de la journée. Je découvrais ce qu'était alors le tiers monde.

En revanche, je n'ai pas découvert ce qu'est l'art de la fouille ; en ce domaine, mes aventures sont restées célèbres. L'architecte des monuments historiques me donna à explorer une maison encore ensevelie dont n'émergeait qu'un pan de mur rectiligne. Au lieu de prolonger le dégagement du mur pour trouver à quoi il aboutirait, je décidai de m'en éloigner à angle droit pour chercher ce qu'il y avait de l'autre côté.

Mais de quel côté ? À droite du mur ou bien à gauche ? Il fallait parier, je pariai ; et une tranchée fut jetée qui avança au fil des jours en s'éloignant toujours plus du mur, sans jamais en rencontrer un second. L'affaire devenait solennelle : ou bien j'avais mis au jour la grand-salle de ce qui était un palais, ou bien ma tranchée, s'éloignant de la maison, traversait la campagne.

L'architecte des monuments revint, hocha la tête en silence, me ramena au pied du mur et me prescrivit d'y fouiller en profondeur. Je ne me le fis pas dire deux fois ; *loter*, « plus bas », ne cessai-je de répéter à mes ouvriers. Quand l'architecte revint, mon trou avait déjà atteint une bonne profondeur.

Il descendit tout au fond, leva le bras et me fit voir, au-dessus de sa tête, un sorte d'excroissance de couleur plâtreuse, longue et large de quelques centimètres, qui était comme collée contre la paroi du mur. « Savez-vous ce que c'est ? me dit-il. C'est la trace du sol d'une salle. Vous êtes descendu deux mètres trop bas. Avant, vous alliez vers la mer, vous allez cette fois vers le centre de la terre. » Cet architecte envoya sur moi un rapport perfide à la direction de l'École de Rome ; il y prétendait que, sur mon chantier, je lisais « les romans de Proust » au lieu de surveiller chaque coup de pioche.

L'Italie, enfin elle !

Peu après mon retour de Tunisie à Rome, tandis qu'allait prendre fin mon détachement au Farnèse, j'appris qu'à la rentrée de novembre je serais « assistant » (on dirait aujourd'hui « maître de conférence ») de latin à la Sorbonne (on dirait aujourd'hui « à l'Université Paris-IV »). En juillet 1957, je quittai donc Rome pour Paris, pour la France en guerre, en passant par Aoste et le col du Grand Saint-Bernard, sur les vieilles routes étroites qui traversaient chaque ville et chaque village.

Les caprices de la mémoire font que je rapportais d'Italie trois émotions, trois souvenirs isolés qui restaient plantés dans mon cœur : un panorama, une basilique de Rome et une tache intense de bleu outremer. Au sud de Naples, l'étroite et longue péninsule de Sorrente est parcourue par une épine dorsale qui s'élève par endroits à plus de mille mètres ; si l'on monte là-haut, on a devant soi le cône du Vésuve, à main gauche le golfe de Naples et, à main droite, la côte d'Amalfi [1].

La basilique dont je parlais est Sainte-Marie-Majeure, sur l'Esquilin. C'était, à mes yeux du moins, l'antithèse d'une cathédrale gothique. Mon regard saisissait tout de suite, en sa totalité, l'ample, simple et suave majesté de sa nef rectangulaire, d'une simplicité sans détours, soutenue sur une rangée

---

1. Il est en Italie un autre panorama, aussi vaste, mais bien plus beau, plus suave, digne de Stendhal, sur la rive ouest du lac de Côme ; la suivre un moment, mais, à Menaggio, quitter la rive, tourner à gauche et monter à quelques centaines de mètres de hauteur (il y a un hôtel *panoramico*). En 2001, ma compagne et moi sommes restés un jour et demi là-haut, muets, pétrifiés devant le paysage du lac et des Alpes lointaines.

Et dans l'éternité je ne m'ennuierai pas

de fines colonnettes ioniques qui constituent son seul appareil ; la claire lumière qui la baignait descendait de son haut plafond plat. On se sentait bien dans cette belle sincérité, on était heureux de s'y attarder. Une église gothique est une institution, Sainte-Marie-Majeure est une personne, prétendais-je. Car je l'aimais.

Quant à la tache bleue, elle est à Rome, à la Pinacothèque capitoline ; c'est l'outremer rayonnant d'un manteau dans le cortège du *Triomphe de Flore*, copie d'un Poussin dont l'original est au Louvre (hélas, sur cet original, le bleu est usé, passé, terni). Je n'avais jamais vu de bleu pareil depuis les funérailles de Paul Éluard, à Paris, quatre ans auparavant : perdu dans la cohue, je distinguais au loin, en tête du cortège, Dominique Éluard soutenue par Aragon et, à leur côté, Picasso ceint d'une écharpe de ce bleu fascinant qui attirait invinciblement les regards au milieu de l'immense foule endeuillée.

VIII.

Sorbonnard et anticolonialiste

Devenu assistant de latin en Sorbonne pour quatre années (1957-1961), j'étais donc revenu en France où, tout d'abord, j'oubliai la guerre en Algérie ; car, pour la première fois de ma vie, j'allais enseigner, faire des cours, en faire à des étudiants de seconde année, à des adultes. Savais-je assez de latin pour cela ? Je tremblais.

Paris, où je séjournai pour la seconde fois, ne m'était plus une ville étrangère, car, maintenant, j'y avais quatre amis, qui étaient aussi ceux de ma femme Simone. Aucun d'eux n'est encore de ce monde et je vais évoquer leurs noms : le compositeur André Boucourechliev, dont j'avais fait la connaissance à Rome, sa femme la très active Jeanne Bayet, la sociologue Nicole de Maupeou et son compagnon le peintre libanais Chafik Abboud, dont je possède trois tableaux (l'un de ceux-ci est un cadeau de l'artiste et m'est dédicacé). Simone Solodiloff et moi, qui habitions Bagneux, les retrouvions chez les Boucourechliev, dans le seizième, ou dans l'atelier de Chafik, près du parc Montsouris.

Et dans l'éternité je ne m'ennuierai pas

En cette décennie 1950, Nicolas de Staël, bien que figuratif à sa manière, était en gloire, mais ce qui dominait était la peinture abstraite. Nous le savons aujourd'hui, cette École de Paris reste inscrite dans l'histoire de la peinture et a compté de grands noms. Grâce à l'amitié de Chafik, j'ai été en contact avec cette chose fascinante, un groupe d'artistes combatifs. De jeunes peintres dont la plupart étaient pour moi des inconnus. Ils avaient à la bouche les noms de Bissière, de Manessier, de Singier, leurs aînés ; ils vantaient Hartung, discutaient Bitran, se moquaient d'Yves Klein et de Lucio Fontana. Certains exaltaient Otto Wols qui me laissait froid. Les extrémistes parmi eux exigeaient qu'un tableau n'eût ni haut ni bas et pût être vu à l'envers.

Le Salon de mai était l'événement annuel. À Saint-Germain-des-Prés je hantais, non les boîtes de nuit (cela m'est arrivé une fois dans ma vie), mais les galeries de la rue de Seine. Zao Wou-Ki et Vieira da Silva, dont la réputation était déjà assise, appartenaient à une autre société. En 1954, Picasso peignit le *Portrait de Jacqueline* qui convainquit les jeunes abstraits : « Allons, le Vieux a encore de la ressource. » Je fis l'achat d'une gouache de Poliakoff et, ruineusement pour mes finances, d'une petite huile de Corneille. L'ami Abboud a quitté ce monde en 2004, ses toiles se vendent aujourd'hui de huit à quinze mille euros.

À la Sorbonne, à l'Institut de latin auquel j'appartenais, un de mes supérieurs, le professeur Pierre Boyancé, avait ma prédilection. C'était un vrai savant, modeste, intelligent, désintéressé, ayant de l'Antiquité une vue pénétrante et juste. C'était un vrai latiniste, puisqu'il était aussi helléniste et que la culture romaine est un rejeton de la culture grecque, cette culture « mondiale » du temps. Il m'apprit que la philosophie antique n'avait pas été toujours un objet de curiosité, de culture, comme chez les modernes, mais, plus souvent, comprenait différentes sectes, stoïcisme, épicurisme, Académie de Platon, etc., qui avaient élaboré chacune un certain art de vivre, dictaient à leurs adhérents certaines règles de vie et avaient explicité les fondements métaphysiques de leur art de vivre.

À la différence d'autres maîtres en Sorbonne, il ne joignait pas à sa supériorité scientifique la casquette de patron qui commande : double casquette que j'aurais mal supportée. Ce célibataire rangé avait fait une folie, il avait acheté une copie ancienne d'une *Bacchanale* de Poussin qui ornait son appartement parisien ; sans doute une réplique d'atelier, car le visage d'Ariane était visiblement de la main de Poussin lui-même.

En Sorbonne, je continuais à apprendre du latin en l'enseignant. Chez moi, je faisais du grec, car les écrivains grecs sont une source indispensable pour la connaissance de l'histoire romaine. Et puis j'aimais ça. Tout ce que nous savons de l'Antiquité grecque et romaine nous vient de l'archéologie, d'innombrables inscriptions et des textes littéraires et juridiques que nous ont conservés des manuscrits du Moyen Âge chrétien, qui n'a cessé de les recopier. Car les clercs n'ont pas attendu la Renaissance pour lire les textes païens et les considérer comme des classiques.

Les textes grecs et latins qui ont été ainsi conservés à force d'être recopiés, Homère, Platon, Virgile, Tacite, etc., sont peu nombreux, un meuble de bibliothèque suffirait à les contenir tous. Mais on a retrouvé aussi une centaine de milliers d'inscriptions latines et presque le double d'inscriptions grecques, car les païens avaient la rage d'écrire sur la pierre, le marbre ou le bronze : épitaphes, ex-voto, décrets, calendriers, rituels, règlements (et même des pages entières d'Épicure, gravées par les soins d'un dévot de sa secte). Les savants allemands les ont publiées en de nombreux in-folio. Je me mis à lire des inscriptions grecques, c'était encore mieux que les inscriptions latines de mon enfance !

Ma grande affaire était de suivre les cours hebdomadaires d'épigraphie grecque que faisait Louis Robert. Le nom de ce professeur au Collège de France et aux Hautes Études ne dit sans doute rien à beaucoup de mes lecteurs ; Louis Robert a été un des plus grands savants de notre époque, au sens presque sacré qu'avait le mot de savant au XIXe siècle.

Son terrain était les inscriptions grecques. Il en subsiste bien deux cent mille, relatives aux sujets les plus divers ; si bien que, pour les interpréter, il faut avoir pénétré toute l'histoire et toute la civilisation grecques. Sa femme, ancien membre de l'École d'Athènes comme lui, était sa collaboratrice (ils « faisaient fichier commun », disait-on). Leurs deux bureaux n'avaient plus de fenêtres, bouchées qu'elles étaient par les

Sorbonnard et anticolonialiste

bibliothèques qui couvraient tous les murs. Couple aimant et sans enfants : rien n'existait pour l'un et l'autre que l'épigraphie, sauf leur piété : ils étaient très croyants. Quant à lui, égocentrique, colérique, dominé par sa passion scientifique, il faisait penser à un écrivain ou à un artiste plus qu'à un universitaire. Sa réputation internationale était grande et, à sa mort, son fichier a été acheté par une des grandes universités américaines.

Comment en dire plus long sur son enseignement pénétrant et très spécialisé ? Un détail cependant : ce qu'il appelait la mise en série. Lorsque, dans une inscription, un fait ou un vocable nous reste obscur, il faut en chercher, dans la masse des autres inscriptions, toutes les autres attestations ; grâce à cette mise en série, le fait ou le mot obscur reparaît chaque fois dans un contexte différent, ce qui permet de le déchiffrer au croisement de cette diversité. N'est-ce pas par des mises en série que les enfants déchiffrent notre monde au fil des jours ? En revanche, je ne suis pas sûr que ma chienne fasse des mises en série.

L'époque, cependant, était peu propice aux études. Un contingent de deux cent mille jeunes gens était « rappelé » en Algérie pour une guerre qui ne disait pas son nom et qui était barbare dans les deux camps. La pratique usuelle de la torture en Algérie rappelait la récente Occupation, la grande dépossession des terres indigènes depuis 1873 et l'*apartheid* que constituait le code de l'Indigénat étaient des injustices séculaires. Dans des réseaux clandestins (les « porteurs de valise », le réseau Janson dont les membres venaient d'être arrêtés et condamnés à la prison), des Français aidaient les Algériens.

La « cause » du prolétariat demeurait une question de principe, il suffisait de prendre position, d'être de gauche. Mais l'insurrection algérienne donnait un caractère d'urgence à la « cause » anticolonialiste. Aider les Algériens serait tirer dans le dos des rappelés, nos compatriotes. En revanche, ce serait faire prophétiquement un bond en avant, franchir le vide historique qui nous sépare de l'universalisme, de la liberté et de l'égalité de tous les troupeaux humains.

Les aider ne serait-il pas aussi le moyen de m'innocenter personnellement de la colonisation et de la torture ? Fallait-il adhérer à un de ces réseaux ? Je n'étais pas le seul, de notre « groupe folklorique » d'antan, à me le demander. Une autre question me hantait : sous l'Occupation, si j'avais été plus âgé, aurais-je eu le courage de m'engager dans la Résistance ?

J'hésitais, car prendre part à une action clandestine suppose trois conditions : avoir des convictions, prendre quelques risques et être doué pour la clandestinité. Or, sans parler du reste, je suis aussi peu doué pour cette dernière que pour danser *La Mort du cygne* en tutu ; je ne remarque pas les visages, je ne vois rien de ce qui se passe autour de moi... ni derrière moi.

Le Monde venait de publier une « lettre de lecteur » où je m'indignais contre la torture. Peu de jours après, je quitte, à onze heures du soir, mon domicile de Bagneux pour une partie nocturne de poker chez les Boucourechliev, lorsque j'aperçois

Sorbonnard et anticolonialiste

une camionnette, garée derrière ma voiture, qui démarre en même temps que moi ; la coïncidence m'amuse un instant. Dans Paris, presque désert à cette heure, la camionnette, qui se trouvait encore derrière moi à un grand carrefour, prend la même avenue que moi. Je cesse de m'y intéresser et c'est en arrivant à destination, dans une rue du seizième arrondissement, que j'ai compris que j'avais été suivi par la police, lorsque la camionnette a stoppé juste derrière moi.

Je ne vais pas raconter l'histoire agitée des années de mes trente ans, du soulèvement de l'Algérie à l'arrivée de De Gaulle au pouvoir et au cessez-le-feu en Algérie ; je m'en tiendrai au récit de deux journées comiques. Elles feront entrevoir quel était le climat orageux de cette époque, différent du calme politique et du vide idéologique qu'a connus le demi-siècle qui vient de s'écouler ; n'était Mai 68, que, pour ma part, je trouve gai.

En mai 1958, à cause de la guerre d'Algérie qui n'en finissait pas, une crise politique éclate et une sorte de coup d'État met le général de Gaulle au pouvoir. Ne prévoyant pas que, peu de temps après, j'aurai pour de Gaulle une vive admiration, je prends part, le 28 mai, à la « grande » manifestation parisienne pour la défense de la République contre les putschistes ; je ne supportais pas que la France devienne une république des colonels, à la mode sud-américaine. La manifestation ne réunit que deux à trois cent mille personnes, ce qui était peu en pareille conjoncture : le peuple de Paris, dans sa majorité silencieuse, était pour de Gaulle ; lucidement, quand le défilé arrive place de la Nation, les organisateurs de la manifestation en décident la dissolution : chacun n'a plus qu'à rentrer chez lui.

Ce sage abandon me rend furieux et je me mets à crier ma colère. La nature m'a doté d'une voix puissante et mon métier m'a appris à m'exprimer. Tout à mon indignation, je m'aperçois à peine qu'on commence à se réunir autour de mes vociférations à la cantonade. Tout à coup je suis tiré de mon solipsisme par le spectacle d'une petite foule passionnée qui s'était groupée autour de moi et m'écoutait. Et voilà que surgit à mes yeux, comme en gros plan, un visage qui troue la foule, un visage qui rayonnait de foi en moi et qui me demandait des ordres : « Alors, qu'est-ce que tu nous dis de faire ? »

En une demi-seconde affolée, un tourbillon de pensées contradictoires m'envahit : « Que faire ? Eh bien, marcher sur l'Élysée ! » Mais non, c'est insensé : pas moi ! Quelle horreur, il me prend pour un chef ! Le plus répugnant, en effet, était l'expression fanatisée de ce visage, sa soumission dévote qui déshonorait l'humanité en lui. La même demi-seconde me suffit pour penser allusivement aux horreurs du demi-siècle précédent, aux foules charismatisées d'Allemagne ou d'Italie : ce visage me faisait tout comprendre, et Mussolini, c'était moi ! La demi-seconde à peine achevée, je prends la fuite en courant, sans un mot, sans demander mon reste, laissant ébahis mes auditeurs.

La seconde journée comique se place le 22 avril 1961. Mes jeunes lecteurs, si j'en ai, ignorent peut-être que, ce jour-

Sorbonnard et anticolonialiste

là, quatre généraux de l'armée d'Algérie, à la tête de leurs bataillons de parachutistes, s'apprêtaient, d'un coup d'avion, à débarquer à Paris dans la soirée, pour renverser de Gaulle qui cherchait à faire la paix en Algérie. Paris était sans défense, le Premier ministre avait fait barrer les ponts par des autobus et, à la radio nationale, demandait aux Parisiens de se porter au-devant des paras pour leur dire de renoncer à leur entreprise. On essayait en vain d'éteindre le phare aérien de la tour Eiffel, qui pouvait guider les avions, mais on en avait égaré la clé.

André Malraux, ministre de la Culture, se souvient alors du rôle (réellement efficace) qu'il avait joué en 1936 dans la guerre civile espagnole. Il lance à la radio un appel demandant à des volontaires de le rejoindre. Entre ici en scène mon *alter ego*, Georges Ville. Il était sûr que j'irais rejoindre Malraux (ce que lui-même s'apprêtait à faire), car il me savait romanesque. Je revois encore l'éclair de joie amusée qui avait brillé dans ses yeux quand il avait découvert que, dans la clandestinité, j'avais pris « Char » pour pseudonyme. « Finalement », m'avait-il dit (comme réfléchissant pour son propre compte et venant de trouver la bonne solution), « pour prendre un pseudo, le mieux est d'ouvrir au hasard l'annuaire du téléphone et de prendre le nom qui est en haut de la page. »

Ville débarque chez moi à neuf heures du soir et affecte d'évoquer pour son plaisir ses souvenirs militaires. « Ce qui est d'abord le plus surprenant, c'est le bruit énorme des explosions d'obus et de grenades, quand on l'entend pour la première fois. Te donnerait-on une mitraillette que, la première fois, tu ne tuerais pas un âne dans un corridor. » Ma carrière de guérillero prit fin sur ces preuves d'amitié, car, au moment où nous nous apprêtions à aller rejoindre Malraux, mon téléphone se met à sonner ; on m'y donnait l'ordre de véhiculer en Allemagne un agent de liaison algérien (c'était ma tâche habituelle dans mon réseau de soutien).

Tout se passa fort bien, sauf qu'une fois arrivés à Bonn ou à Aix-la-Chapelle, je ne sais plus, où était installé le siège du Front algérien de libération, l'agent se fit déposer cette fois devant le siège même, que la police allemande surveillait évidemment nuit et jour. Si bien qu'au retour je suis arrêté par la police des frontières, qui me demande ce que j'étais venu faire en Allemagne ; je réponds que j'étais admirateur de Charlemagne *(ein Bewunderer Karls des Großen)*, dont Aix avait été la capitale. Les policiers allemands me rient au nez et me laissent filer. En traversant la Belgique, j'apprends que le putsch a échoué, les rappelés du contingent ayant refusé l'obéissance, alertés grâce à cette invention nouvelle qu'était le transistor. Deux des généraux félons s'étaient rendus, deux autres avaient rejoint l'OAS.

Oui, je vénère de Gaulle, je l'ai dit, pour avoir été le plus grand réformateur *de gauche* de son siècle[1], et ma sœur Françoise, agrégée d'histoire, partage cette opinion ; elle et moi nous plaisons à énumérer les actes révolutionnaires du Géné-

---

1. Oui, cet homme de droite avait un sens si aigu du mouvement de l'histoire et de la paix sociale qu'il a fait une politique de gauche. Son but était de rétablir la grandeur et la paix sociale de la France, non de combattre l'horreur nazie.

Sorbonnard et anticolonialiste

ral : décolonisation, vote des femmes, Sécurité sociale, et j'en passe. Il y a plus : mesure-t-on bien quelle était l'*excentricité* du génial appel du 18 Juin ?

Au fait, combien d'oreilles ont entendu cet appel lancé sur la radio anglaise ? Elles ont été très peu nombreuses. J'ai oublié de raconter qu'en juillet 1940, à Cavaillon, le coiffeur qui me coupait les cheveux disait à son aide que tout n'était pas perdu et qu'il avait appris, de bouche à oreille, qu'en Angleterre un général dont il paraissait ignorer le nom continuait le combat. L'appel du 18 Juin a donc été diffusé par un bouche à oreille de l'espoir.

Au cours de ces années parisiennes, celle qui sera un jour la mère de mon fils, de mon défunt fils, était « porteuse de valise » pour le compte du Front algérien de libération. À travers Paris quadrillé par la police à cause des porteurs de bombe d'un groupe antigaulliste, elle colportait de lourdes valises, remplies de centaines de millions de francs ; c'était le produit de l'impôt de guerre que le Front prélevait sur tout Algérien qui travaillait en France. Quiconque refusait de le payer était égorgé... On découvrait au matin des cadavres d'Algériens au bord des routes.

J'aimais à la passion cette compagne, si bien qu'un jour, à ma grande surprise, la réalité a basculé pour la première fois de ma vie : ma compagne sommeillait et je contemplais la dormeuse, quand tout à coup le spectacle de la réalité s'est effacé de mes yeux et j'ai senti que mon corps avait démesurément grandi, il mesurait peut-être cent mètres de long. Et moi, éperdu d'amour comme je ne l'avais jamais été, je serrais dévotement entre mes mains une statuette de métal précieux qui n'était autre que l'aimée. Au bout de quelques minutes, tout revint à la normale.

La brève expérience extatique que je venais de vivre n'avait rien d'un délire : c'était une sorte de rêve éveillé, mais où je savais que je rêvais ; je me *sentais* des jambes très longues, mais je *savais* que mes vraies jambes – que je n'apercevais plus – étaient fort courtes ; et, amusé, je me dis, par plaisanterie, que mes jambes imaginaires devaient traverser la muraille et que, dans la rue, une voiture allait les couper...

L'extase, dont je reparlerai, n'est qu'une puissante poussée d'une imagination visionnaire où l'on conserve sa raison, mais qu'imagine-t-on ? Quel était au fond mon sentiment ? Était-ce : « elle est mon idole et mon amour pour elle est immense » ? C'était plutôt : « en adorant mon idole, je me grandis immensément ». Le sentiment d'être devenu un géant est connu des indianistes, qui l'appellent le « macranthrope » : pendant le sacrifice védique, il arrivait que le prêtre, éperdu de dévotion, se sentît devenu grandissime, aussi grand que le dieu qu'il adorait.

Il est bien d'autres expériences extatiques que notre époque n'ose plus reconnaître. Au XVIIIe siècle, au lendemain d'une bataille, parfois les pieds du général vainqueur « ne touchaient plus terre » : on le voyait bien à sa physionomie, on n'ignorait pas qu'il ne sentait plus le sol sous ses semelles

Sorbonnard et anticolonialiste

et l'on en souriait. La « lévitation » des fakirs est non moins banale. La géniale sainte Thérèse d'Avila, pendant ses extases, sentait quelquefois ses pieds ne plus toucher le sol, et elle savait qu'il n'en était rien.

Autre expérience, le voile devant les yeux : au soir de ma plus belle victoire amoureuse, le voile argenté de ma félicité barrait le haut de mon champ visuel sur toute sa largeur ; vision « intellectuelle », sans doute, mais qui n'en était pas moins réelle et gênante, car j'étais reparti en voiture (en pareille matière, il faut être précis et prosaïque) et, sur la route, cette bande argentée me cachait les camions qui survenaient face à moi en haut d'un cassis élevé... René Char m'a parlé de l'écran rouge de la gloire, apparu un jour qu'il avait achevé un poème dont il était satisfait.

IX.

La recherche est un plaisir

La vie continuait. En juillet 1961, quelques mois avant le cessez-le-feu en Algérie, je suis nommé maître de conférences de latin à la faculté des Lettres d'Aix-en-Provence. Je me retrouvais donc, sans l'avoir cherché, dans la ville où j'étais né ; j'en ai profité pour prendre des leçons de crawl à la piscine thermale, mais j'avais perdu le contact avec mes amis parisiens. Je venais d'avoir trente et un ans et je me trouvais titularisé à vie dans l'enseignement supérieur. Je resterai professeur à Aix jusqu'en 1975, où je serai coopté au Collège de France. La partie extérieure de mon existence était achevée, ma vie matérielle étant assurée. Le reste, qui était culturel et intéressant, était mon affaire et, à mes yeux du moins, nul n'avait le droit de s'en mêler.

En cet été 1961, j'étais donc au milieu de mon âge. Je me juche en esprit sur le toit de la maison de ma vie, j'en chevauche le faîte, une jambe de ci, une jambe de là. Et je constate que, de ce côté-ci, la pente du toit n'avait cessé de monter depuis mon enfance, jusqu'au faîte où je me trouvais juché ; mais, de ce côté-là, l'autre versant du toit ne faisait que descendre, ou plutôt il me précipitait dans le vide, dans la mort.

Du moins était-ce mon inconscient, soigneusement refoulé, qui s'était juché ainsi et qui avait vu la mort au bout. Quant à ma conscience, elle s'est trouvée plongée dans une angoisse qui a duré plus d'un mois. J'en ai d'abord ignoré la raison, mais un petit fait me l'a bientôt révélée. Un dimanche de l'an 1961, j'étais sur la plage de Sanary, en maillot de bain, la gorge serrée, lisant les inscriptions grecques de Magnésie du Méandre, quand me revient à la mémoire un poème que j'avais admiré et oublié ; c'était un des *Sonnets de la mort* de Jean de Sponde. Ces vers se sont alors imposés à moi avec la force d'une obsession et, depuis un demi-siècle, ils me sont toujours restés à l'esprit :

> Mais si faut-il mourir, et la vie orgueilleuse,
> Qui bravade la mort, sentira ses fureurs,
> Les soleils hâleront ces journalières fleurs
> Et le temps crèvera cette bulle venteuse...
> Vivez, mortels, vivez, mais si faut-il mourir.

Et encore aujourd'hui, en ce jour de janvier de la présente année 2014, à cinq heures du matin (heure de réveil des séniors, selon les gérontologues), j'ouvre un œil, j'allume ma lampe, ma conscience se fait présenter le programme de la neuve journée, lorsque j'entends une citation qui cogne à la porte de ma mémoire ; deux ou trois mots s'y présentent en balbutiant, puis le vers tout entier se déploie, un alexandrin du fatal sonnet :

La recherche est un plaisir

J'ai vu la neige fondre, et ses torrents tarir...

Cela fait cinquante-trois ans que ce sonnet m'obsède.

Mais, chose curieuse, dans la crise initiale de 1961, quand la « peur de la mort » ou plutôt l'embêtement de se savoir mortel m'est devenu conscient un moment, j'en ai été très étonné ; j'avais cru jusqu'alors que la mort n'était qu'un thème philosophique conventionnel ; lisant Montaigne, son long chapitre sur la mort, où il fait tout pour se rassurer, m'avait surpris : « Mais que va-t-il s'obséder là-dessus ? La mort, personne n'y pense ! »

Et pour cause : la pensée de notre condition mortelle est toujours là, mais refoulée le plus souvent. Et pourtant la mort est une réalité que nous avons découverte très tôt. Mon fils Damien avait quatre ou cinq ans lorsqu'il entendit sa maman et moi parler de la mort récente d'une de nos connaissances ; nous en parlions comme d'une chose certes affligeante, mais qui est dans l'ordre des choses. Ce ton de voix suffit à tout faire comprendre à l'enfant, qui s'écria, épouvanté ; « Mais alors, tout le monde meurt ! » Après quoi, comme tout le monde, Damien cessa d'y penser.

Moi de même : lorsque ma propre crise de milieu de vie prendra fin, je cesserai à nouveau de penser à la mort. Plus exactement, l'idée m'en reviendra fréquemment, mais sous un masque, celui du suicide, cette parade : se donner soi-même la mort pour ôter l'initiative à celle-ci. Michel Foucault et moi en parlions souvent. Depuis cette crise de la trentième année, le droit au suicide est une de mes revendications. Avant la loi Simone Veil, on allait se faire avorter en Suisse ; de même, en l'an 2014, on va se tuer en Suisse, où le suicide est légal et assisté (une mienne belle-sœur vient d'en bénéficier). Suicide de riche.

Je vis présentement dans un milieu d'incroyants, dont plusieurs médecins, et tous sont partisans du droit de se donner la mort, à condition que la chose soit décidée lucidement – le droit en sera refusé à un jeune être qui vient d'avoir son premier chagrin d'amour – et que l'intéressé l'exécute discrètement et de sa propre main, sans en charger la conscience de ses proches (comme on verra plus loin, ma femme, médecin, a été sommée de donner de sa propre main la mort à une mère tyrannique et ne s'en est jamais remise).

En échange, le candidat au suicide devrait pouvoir se procurer en toute légalité les moyens d'une mort rapide et sans douleur (l'arme à feu, qu'a employée mon défunt fils Damien, est indolore, mais... sanglante). Mes amis et moi sommes d'accord là-dessus, mais alors surgit, brièvement évoqué, mais très présent à la conscience, le second volet du problème : « Aurai-je le courage de le faire ? » C'est la question que se posent beaucoup d'entre nous, je suppose.

Enfin, depuis ma septantaine, en l'an 2000, une ombre occupe constamment la marge de ma conscience ; ce n'est pas la peur de la mort, mais la tristesse de (fin de) vie, sauf lorsque je suis devant mon ordinateur et que je travaille ou quand ma compagne est à mes côtés.

La recherche est un plaisir

Mais, par malheur, une obsession s'est imposée à mes regards, l'obsession des nuages, que je n'avais jamais beaucoup regardés ; je découvre à présent leur existence. Leur spectacle me trouble ; devant eux, je fais dans mon cœur un retour sur mon personnage, mais ce malaise ignore son pourquoi, il est sans idées, il se réduit à un effet de recul sur mon être. Les nuages attirent à tout moment mes regards quand je suis au volant, au risque d'un accident ; ma passagère s'aperçoit bientôt de mon trouble et prend le volant.

À cet effet de recul est venu s'en ajouter un autre, lorsque, peu de temps après, les arbres du chemin sont devenus cause de malaise. Oui, cela existe, les arbres, mais qu'est-ce que ça vient faire ici ? Curieuse chose, qui serre le cœur. La nausée ? Oui, presque ! C'est le haut-le-cœur de Sartre, dans la *Nausée*, devant l'existence brute et inexplicable d'une feuille d'arbre qui se trouve là, à ses pieds. Devant l'absurde réalité de l'Être. C'était précisément ce que j'éprouvais. Pour Heidegger, en revanche, tout cela n'a rien d'absurde : c'est au contraire une incitation au recueillement. Pour lui, l'étonnant n'est pas qu'il y ait des arbres, que des arbres, ces « étants », existent : botanistes et philosophes de la nature nous expliqueront cela ou l'étudieront. L'étonnant est que l'Être *(Sein)* soit. Nous autres hommes, nous « nous trouvons là » *(Dasein)*, devant l'Être, nous le voyons, nous le savons (chose qu'ignorent les simples « étants »). Nous sommes assurément les maîtres de ces étants. De l'Être, en revanche, nous devrions garder pieusement la pensée à l'esprit et nous soucier de Lui comme le berger ne cesse de se soucier de ses moutons. Chez le dernier Heidegger, l'Être (écrit solennellement *Seyn*, avec une *y*, comme dans « Vive le Roy »), devient une mystique. « La notion même d'appel de l'Être induit une forme de religiosité sans rapport avec l'argumentation rationnelle », écrit à juste raison Roger-Pol Droit dans *Le Monde* ; « ce n'est pas une philosophie, mais une gnose, et c'est pourquoi elle génère chez certains un culte aveugle ». C'est un exemple de la religiosité nouvelle dont nous parlions plus haut. Ce n'est pas tout : la condition humaine se trouve aussi en face de l'*Ereignis*, de l'Événement, qui, bon ou mauvais, ne cesse de nous « advenir » et dont Heidegger fait une vraie fatalité. Néanmoins, le cher et regretté Dominique Janicaud, qui fut un grand et noble esprit, objecte au fatalisme heideggérien que l'homme historique peut activement s'opposer quelque peu à ce qui lui advient[1]. Janicaud a raison, mais finissons-en : est-ce que Heidegger vaut la peine qu'on s'occupe tant de lui ? Est-ce que sa philosophie « ne tombe pas dans l'édification et même dans la fadeur », comme dit un mot bien connu ?

Revenons à ma trentième année. « Pourquoi travailler ? Pour oublier qu'on va mourir », pourrait dire un proverbe. De fait, l'automne de 1961 et la rentrée universitaire mirent fin à la crise d'angoisse de mes trente ans. J'ai aimé mon métier d'enseignant, parce que j'instruisais autrui et parce que je m'y instruisais moi-même. Je faisais quatre heures de cours par

---

1. *Heidegger en France*, vol. I : *Récit*, Paris, Albin Michel, 2001.

semaine, si ma mémoire est bonne ; selon la coutume, j'expliquais aux étudiants de seconde année des pages de latin que je choisissais dans les auteurs inscrits au programme de l'année, j'en éclaircissais les particularités de vocabulaire ou de grammaire, j'en donnais un commentaire littéraire et historique, comme tout le monde.

Pour ce faire, je potassais la bibliographie de mon auteur, j'expliquais Virgile à la lumière de l'Oxfordien Conington et du grand Eduard Norden. Je m'instruisais, dis-je. La grand-messe était la séance hebdomadaire de latin pour les candidats aux concours d'enseignement, dont le concours d'agrégation, où l'on se présente une fois les études terminées. Je passais deux journées entières à préparer chaque heure de ce cours, car mes auditeurs étaient des adultes instruits. Et, en fin d'années, ce n'était pas moi qui serais leur examinateur, mais un jury national ; leur métier, leur avenir professionnel en dépendaient. Je m'en sentais coresponsable.

J'ai passé de longs mois heureux à commenter devant ces auditeurs adultes l'œuvre lyrique d'Horace, vrai grand poète qui était au programme d'agrégation cette année-là ; ils m'ont congratulé en fin d'année. Néanmoins, je n'ai jamais été un véritable professeur, mais plutôt une sorte de conférencier : je ne connaissais pas les noms de mes étudiants, tandis que mes collègues savaient tous les noms des leurs ; ma mémoire était incapable de les retenir. En revanche, leur visage m'était familier et je répondais d'abondance à ceux qui venaient m'interroger après le cours.

Et dans l'éternité je ne m'ennuierai pas

Aux yeux de mes étudiants, mon image d'enseignant s'était dessinée en trois traits : 1° Un étudiant me disant : « Monsieur, ma sœur ne pourra vous rendre sa copie de latin que demain », j'ai répondu : « Veuillez dire à Mademoiselle votre sœur que... » Un frisson de respect parcourut l'amphi. 2° Je venais à la fac en Mercedes (ce véhicule était un cadeau de mes parents, heureux et surpris qu'un excentrique comme moi ait fini par leur donner un petit-fils). 3° Mon enseignement se déroulait au dixième étage de la fac. Durant la pause qui séparait les deux heures de cours, je sortais sur le balcon sous les yeux du public, j'en enjambais la rambarde et je me suspendais au-dessus du vide, en me tenant d'une main à cette rambarde. J'ai la chance, en effet, de n'être pas sujet au vertige. Je n'ai jamais été chahuté, je n'ai pas été contesté en mai 68.

Au total, j'ai fait carrière grâce à ma passion pour l'Antiquité, mais je n'étais bon à rien d'autre, je n'étais pas fait pour les métiers de relations ni pour ceux d'administration. Une de nos vieilles amies, la belle et talentueuse Danielle Digne-Teyssonnière, a voulu me faire tâter de la politique. Elle m'a fait inviter à un déjeuner qui réunissait toutes les sommités politiques de la région PACA, pour me mettre le pied à l'étrier ; la conversation m'ennuyant ou me dépassant, je me suis cantonné dans le rôle d'observateur balzacien.

Même échec lors de déjeuners chez Jack Lang, au ministère, où je me suis révélé peu utilisable comme journaliste. Le ministre étant allé visiter, rue de Seine, une exposition d'un

La recherche est un plaisir

mien ami, le peintre Paul Jenkins, je fis dans *Le Nouvel Obs* un petit article où je parlais du peintre et où je mentionnais à peine la visite du ministre.

Un autre jour, un fonctionnaire ministériel me téléphone, désirant proposer ma candidature à la direction de la Villa Médicis ; j'ai décliné l'offre dès que j'ai appris que j'aurais à revenir souvent de Rome à Paris pour y régler au ministère des questions administratives, qui m'auraient dépassé et ennuyé. Le fonctionnaire, déçu ou vexé, s'est abusé sur mes raisons et sur mon âge : « Ah, vous êtes tous les mêmes, les soixante-huitards ! Volontairement bons à rien ! »

La frontière entre l'enseignement et la recherche est poreuse. Quand on explique à des agrégatifs un beau poème d'Horace, l'ode *Tu ne quaesieris*, il arrive qu'on fasse une trouvaille publiable dans la *Revue de philologie* et qu'on reçoive une lettre d'approbation écrite de la main d'Eduard Fraenkel en personne. C'est autre chose que de déjeuner au ministère !

La voici donc, cette ode, qui se déroule « en temps réel », au cours d'un banquet où Horace a été invité et où, selon l'usage, va se dérouler un intermède (un *acroama*) où se produiront cette fois des devins. Alors Horace prend la parole et donne son avis à l'hôtesse :

> Non, ne cherche pas à savoir – c'est tabou – quelle fin m'ont réservée, t'ont réservée les dieux, ô Leuconoé : ne scrute pas les calculs des astrologues. Comme il vaut mieux laisser venir ce qui doit arriver, que Jupiter t'ait accordé de vivre encore d'autres hivers ou que celui qui brise présentement la mer sur les rocs

qu'elle ronge doive être le dernier. Si tu veux être raisonnable [1], fais-nous plutôt servir de ton vin [2] et raccourcis à une taille moindre [3] l'espoir de longue vie.

La sortie d'Horace se place entre la première partie du festin, où, selon l'usage, on a mangé sans boire, et la deuxième, la meilleure, qui sera une beuverie. Le poète estime que les vins se font attendre un peu, et pour peu de choses.

Ainsi donc, les jours de la semaine où je ne préparais pas mon cours d'agrégation, je faisais de la recherche, j'écrivais des articles pour les revues spécialisées. La recherche n'est pas une responsabilité, mais un plaisir : on est un chasseur qui se réveille au matin avec le désir de partir en chasse, de trouver du gibier, une proie, qui finira peut-être dans la *Revue des études anciennes*. Comment fait-on ? On se rend dans une épaisse forêt sûrement giboyeuse, celle des *Œuvres morales* de Plutarque ou d'un des in-folio des vingt mille inscriptions latines d'Afrique du Nord romaine, et on a ou n'a pas de chance. J'avais publié ainsi un certain nombre de

---

1. Tel est le sens de *sapias* ; et non pas « sois raisonnable ». Voir *Revue de Philologie*, XLI, 1967, p. 105.
2. Mot à mot « filtre le vin », « fais-le filtrer ». On filtrait le vin dans un petit sac au moment de servir ; « il a soif ; qu'on ensache du Cécube », écrit un poète. Ce filtrage du vin se plaçait immédiatement avant la consommation. Voir les références dans la note 1 de la *Revue de Philologie*. *Vina* n'est qu'un pluriel poétique, faut-il le dire. Par exemple, Virgile n'emploie pas une seule fois dans toutes ses œuvres la forme *vinum*.
3. Et non pas « puisque nous durons peu » ; *spatio brevi* est un « ablatif de dimension » ; c'est du langage de tailleur ou de couturière.

La recherche est un plaisir

courts articles sur des sujets divers d'épigraphie ou d'histoire ancienne.

Mes supérieurs ne m'en félicitaient guère, car, à leurs yeux, j'avais une obligation plus urgente : passer ma thèse de doctorat ès-lettres en écrivant un livre de cinq cents pages au moins. Or ma grande ambition était justement d'être un jour l'auteur d'un de ces livres savants qui peuplent la bibliothèque de l'École normale ; seulement je n'avais pas oublié ce que nous avait dit notre caïman à notre entrée à l'École : une science historique digne de ce nom se devait d'être désormais une discipline d'avant-garde. Et puis, du marxisme, j'avais au moins retenu une leçon : il existait une science de l'histoire et il fallait la connaître si l'on se proposait d'écrire de l'histoire. Or, voulant donc m'instruire, me former, j'avais besoin de temps pour cela ; il me fallait m'initier aux sciences humaines, sociologie, ethnologie, afin de mieux écrire l'histoire des hommes.

Je me disais en particulier qu'il était indigne d'un historien, fût-il spécialiste de l'Antiquité, de n'avoir pas quelques lueurs sur l'économie politique, ou du moins sur la partie générale et théorique de cette science, seule partie réutilisable pour une économie si différente de ce qu'elle est de nos jours. Je passai donc une année à m'y initier avec passion. Car l'économie politique néoclassique, celle qu'ont fondée Jevons et Walras il y a un siècle et demi, est une combinaison inégalable de réalisme et d'abstraction qui procure une jouissance intellectuelle que seules peuvent surpasser, j'imagine, les mathématiques pour les rares heureux qui sont capables d'y accéder.

Et dans l'éternité je ne m'ennuierai pas

La théorie de la valeur marginale m'enthousiasma par son ingéniosité (elle a renversé la théorie marxiste de la valeur-travail) ; la théorie des avantages comparés me fit publier un article où je contestais la prétendue « fuite de l'or » qui aurait ruiné l'Empire romain, trop grand consommateur de coûteuses épices orientales. Et le rôle que joue chez Schumpeter l'entrepreneur (et non le capitaliste) me parut éclairant pour l'histoire de la richesse des nations : l'économie romaine avait-elle été assez « entrepreneuriale » pour avoir pu devenir une économie développée ? Dans le rôle décisif d'entrepreneur, ne retrouverait-on pas mes chers affranchis, employés à gérer au mieux la fortune de leur richissime patron ? Celui-ci s'enrichissait ainsi sans se salir les mains, sans violer la loi qui interdisait aux sénateurs de faire du grand commerce. Ainsi s'explique la prospérité de l'Empire romain !

Tout cela était bien beau, mais, tant que je n'aurais pas rédigé et soutenu la thèse qui me ferait docteur ès-lettres, je ne deviendrais pas professeur titulaire, je resterais le simple maître de conférences que j'étais et je ne ferais guère honneur à notre Université ; je serais le vilain petit canard du corps enseignant aixois. Aussi mes supérieurs ne cessaient-ils de me réprimander pour ma procrastination : « Vous la soutiendrez un jour, votre thèse ? » Or je ne me sentais pas encore prêt.

Décidément, me disais-je, l'Université était bien décevante ! Ce n'était pas une République des Lettres, simple, accueillante et égalitaire comme Sainte-Marie-Majeure ; ce n'était qu'une hiérarchie où la supériorité était institutionnelle et non personnelle. Le lecteur a raison de me trouver sottement révolté et un peu anarchiste ; la raison en est que, jusqu'alors, je n'avais connu que la liberté : tant à l'École normale qu'à l'École de Rome, mes camarades ou collègues et moi avions vécu en égaux et sans aucun encadrement.

Ce qui me fâchait aussi est qu'il me fallait prendre dans l'Université, en Sorbonne de préférence, un « patron de thèse ». J'aurais aimé être un archéologue indépendant, un *free-lance* des études antiques ! Or ce patron dirigerait ou serait censé diriger mes travaux, ferait ma carrière, et je devrais le traiter comme mon père spirituel. Telle la relation multimillénaire du Maître et du Disciple.

Alors, il me faut l'avouer, en ce domaine je me suis rendu coupable d'ingratitude, je suis un ingrat. On verra que j'ai rejeté ou négligé successivement tous mes patrons, tous ceux qui ont fait ma carrière. L'octogénaire que je suis devenu en a encore le remords, qui parfois, dans la solitude, me fait pousser de petits cris. Ce qui a été n'en demeure pas moins.

Pour moi comme pour plusieurs de mes condisciples, la relation du maître et du disciple était chose morte ; ne serait-ce que parce que nous avions d'autres idées que nos maîtres, qui n'avaient que leurs conceptions scientifiques d'avant-guerre ; nous étions sûrs de notre supériorité sur la génération précédente (ce qui vaut mieux que de gémir sur la décadence et de maudire son époque, sotte rengaine à la Juvénal que chaque génération reprend en en changeant un peu les paroles).

Nous ne reconnaissions donc qu'une société de camarades,

d'égaux qui avaient à peine plus que notre âge et qui avaient des idées neuves : Roland Barthes, Jacques Le Goff, Michel Foucault, Louis Althusser, Jean-Pierre Vernant... Telle était l'évolution des mœurs mentales en ces décennies sans guerres ni révolutions ; Mai 68 en sera un autre symptôme.

Par-dessus le marché, un succès qui m'advint en 1961 me confirma dans cette attitude. Il nous reste, du premier siècle de notre ère, un texte singulier, le *Satyricon* (fort différent du film homonyme de Fellini...), qui est un roman satirique et réaliste. Son lamentable héros, Trimalcion, est un affranchi romain qui, une fois libéré de l'esclavage, a mené une vie indépendante de tout maître et a su prodigieusement s'enrichir. Or les affranchis romains formaient une catégorie inférieure et méprisée : ce ne sont plus des esclaves, mais ils n'ont pas pour autant la qualité de citoyens à plein titre. Le richissime Trimalcion reste un être inférieur et marginal. Sa biographie et ses mœurs sont décrites avec une verve implacablement documentée. Cette peinture réaliste d'une catégorie sociale, celle de l'affranchi enrichi, est sans équivalent dans les littératures antiques.

Comment ne pas écrire, sur le *Satyricon* et sur le type social qu'il dépeignait, l'étude d'histoire sociale qui manquait encore ? Ce faisant, je faisais ce que mes maîtres ne m'avaient pas appris : je passais de l'humanisme classique à ce qui était alors l'avant-garde militante des études historiques, l'École des Annales ; aussi bien mon article parut-il, non dans la *Revue des études latines*, mais dans les *Annales d'histoire économique et sociale*.

La recherche est un plaisir

La société romaine était majoritairement agricole, comme presque toutes les sociétés antérieures à la Révolution industrielle du XIXe siècle ; or la moitié des artisans romains et quasiment tous les marchands appartenaient, comme le héros du *Satyricon*, à la catégorie de ces marginaux qu'étaient les affranchis [1]. Alléguons de nouveau Leroy-Beaulieu [2], puisque je suis en train de le lire : « La plupart des races tenues dans un état d'infériorité, des sectes opprimées, sont rejetées vers les affaires privées, vers le commerce : les Juifs dans le monde entier, les Arméniens en Orient, les Parsis dans l'Inde, les Coptes en Égypte, les Vieux-Croyants en Russie ». Et les affranchis romains, donc.

Mon travail eut du succès et décida de la suite de ma carrière. Le maître spirituel des jeunes historiens, Jacques Le Goff, me téléphona ses félicitations, lui qui déplorait que l'Antiquité classique fût restée jusqu'alors rebelle à l'École des Annales ; treize ans plus tard, lorsqu'il me présentera au Collège de France, Raymond Aron me dira que ces pages sur le *Satyricon* sont les meilleures qui soient sorties de ma plume. Chez presque tous mes supérieurs en Sorbonne, dont mon propre patron de thèse, ce fut le même concert d'éloges. L'un

---

1. Voir là-dessus ma *Vie de Trimalcion* parue en 1961 dans les *Annales* et reprise dans P. Veyne, *La Société romaine*, Paris, Le Seuil, 1991, partic. p. 33 ; éd. de poche, Points Histoire, 2001.

2. *L'Empire des tsars et les Russes, op. cit.*, p. 1163. Et aussi Georg Simmel, *Philosophie de l'argent*, trad. Cornille et Ivernel, Paris, PUF, 1977, p. 259 : « Les affranchis romains, privés de la pleine citoyenneté, se rejetèrent sur le commerce de l'argent ; en Turquie, les Arméniens... (etc.). »

d'eux, déconcerté, me dit cependant qu'un article aussi peu canonique était plutôt fait pour *La Nouvelle revue française* ; un autre, par lettre, déversa rageusement sur mes pages un tel tombereau d'insultes que son propre cas en devenait suspect.

Mais par ailleurs, me disais-je, qu'était-ce donc que cette affaire de marginaux méprisés (Juifs, Parsis, Coptes, affranchis...) qui, dans une société toute agricole, trouvaient ou trouvent encore leur voie dans le commerce ou dans l'usure ? C'est l'idée générale d'une réalité du passé ou du présent, c'est une conception, c'est ce que Max Weber appelle un idéaltype et qu'il considère comme l'outil avec lequel doivent s'écrire histoire et sociologie.

On pourrait l'appeler un concept, tout simplement. Un concept daté. Tout récit historique est fait d'une myriade de faits particuliers, mais, pour les expliquer ou les faire comprendre, pour faire ressortir l'intrigue dans laquelle ils sont pris, il faut avoir ou former une idée, une conception, il faut conceptualiser peu ou prou. L'Avare ou le Misanthrope sont des concepts, on pourrait en donner une définition, expliciter ce qu'ils signifiaient à leur époque, et cette signification expliquerait l'intrigue de la pièce qui porte ce titre ; l'intrigue du *Cid* illustre une conception très datée de l'honneur à venger.

Une douzaine d'années plus tard, j'écrirai pour Pierre Nora un article intitulé « L'histoire conceptualisante », et ce sera aussi le sujet de ma leçon inaugurale au Collège de France. Mais mon ambitieuse décision était déjà prise en ma trentième

La recherche est un plaisir

année : je continuerai à écrire de petits articles de philologie, puisque j'aimais la chasse, mais je n'écrirai le gros livre qui sera aussi ma thèse de doctorat ès-lettres que lorsque j'aurai inventé ou trouvé quelque part un concept dont ce livre sera l'illustration historique. Cette chance m'adviendra dix ans plus tard, avec le don dans l'Antiquité romaine ou « évergétisme ». En attendant, je continuerai à lire des ouvrages de sciences humaines.

Et que ferai-je après avoir écrit ce gros livre ? Je continuerai. Je n'avais aucune envie de m'élever à ce sommet d'une carrière qu'était alors le professorat en Sorbonne. C'était si vieillot, la Sorbonne ! Mon avenir était tout tracé et, en province, il est agréable : on va voir ses amis à pied, le restaurant où l'on se réunit n'est pas loin, les cinémas sont proches et, à Aix, ils sont particulièrement nombreux. J'avais à la faculté des amis à mon goût, des amies aussi.

Certains universitaires homosexuels, alors honnis et secrets, m'accordaient pleinement leur confiance et leur société, qui était instructive ; car, marginalisés par leur « vice » comme moi par ma difformité, ils avaient spécialement développé leur culture, leur originalité ou leur talent ; ils faisaient généralement d'excellents professeurs. Passant moi-même pour un peu excentrique aux yeux du vulgaire, je me sentais comme normal en leur société.

X.

Chaque sommet est une fin du monde

J'ÉTAIS À AIX depuis quatre ans quand me tombe dessus, avec sa soudaineté, son imprévu et son totalitarisme, un coup de foudre. J'étais allé rendre visite à ma famille et, le soir, dans la chambre qui m'avait été attribuée, je tombe sur un livre qui racontait l'ascension de la Meije, sommet de l'Oisans d'une hauteur de quatre mille mètres. Je ne m'étais jamais soucié d'alpinisme, je savais à peine ce que c'était, mais cette lecture m'enflamma tellement que j'allais dans sa chambre, en pleine nuit, faire part de mon enthousiasme à mon frère qui sommeillait et qui me crut devenu fou. Depuis ce jour, tous mes loisirs furent réservés à m'exercer à ma manière à cette difficile et dure discipline ; la Sainte-Victoire, montagne cézanienne, haute de mille mètres à dix kilomètres d'Aix, serait un bon terrain d'entraînement alpin, me dis-je avec candeur.

Je raconterai plus loin cet entraînement et mes futurs triomphes, mais mieux vaut commencer par la fin : essayer de communiquer à un lecteur non alpiniste le pourquoi de mon enthousiasme.

Et dans l'éternité je ne m'ennuierai pas

La haute montagne est un monde démesuré qui, à la différence de la pampa ou du désert, possède à la fois l'immensité et la monumentalité. Ce monde n'est plus le nôtre et son échelle des grandeurs n'est plus la nôtre. La verticalité y a plus d'importance que les deux autres dimensions. Les mots n'ont plus le même sens : les pentes, les montées ne sont pas des horizontales imparfaites, mais des verticales adoucies. Il n'y a plus d'odeurs, plus de couleurs, le marron du rocher et le blanc de la neige dévitalisent notre palette. La voluminosité du silence amortit les fracas les plus retentissants. L'énormité de ce nouveau monde s'impose bientôt comme normale au regard, car la montagne nous transforme. Elle ne prête pas à des effusions sentimentales. Oserai-je ajouter que l'alpiniste n'est plus un être sexué ? Il (elle) a mieux à faire.

Les hautes montagnes n'appartiennent pas à notre terre avec ses collines, ses arbres, ses autos et ses maisons. Comme ces autres mondes que sont les nuages ou la mer, elles forment un monde à part ou plutôt un chaos ; elles sont restées figées dans l'accident originel qui les a soulevées et fracassées. Cette uniformité dans l'informe nie l'existence de la vie ; on s'y réfugie quand les plaines se révèlent normales et limitées.

Le contraire de la haute montagne, ce sont les lacs, « ces grands lacs qui représentent l'immobilité dans le désespoir », écrit Baudelaire. À plusieurs reprises, l'étendue prisonnière d'un lac plat comme la main m'a angoissé et j'ai dû m'éloigner. Au contraire, les courses en montagne entraînent le grimpeur sur des sommets dont chacun est une extrémité de la terre, une fin du monde. Ce ne sont pas la vue, le paysage, qui le comblent quand il est arrivé au but, c'est d'être au bout du monde et en haut.

En revanche, la haute montagne n'est pas toujours vertigineuse. Certaines personnes ont la malchance d'être sujettes au vertige, mais, pour d'autres, la peur du vide se dissipe dès la première escalade. Le problème du grimpeur n'est pas plus le vertige que celui du cycliste n'est de tenir en équilibre sur un vélo. Un jour, dans l'escalade d'une pente un peu raide, mon guide se trouvait au-dessus de moi à une hauteur qui équivalait à trois étages d'une maison ; cela me faisait le même effet que s'il m'avait précédé de dix mètres sur un chemin.

« Les intellectuels n'ont pas peur du danger, ils ont peur de la bagarre », disait un connaisseur, Georges Ville. L'alpinisme n'est pas la bagarre, mais ce n'est pas non plus un sport, c'est une aventure, car il rompt avec la quotidienneté monotone et se déroule dans un milieu qui n'est pas le nôtre. Ce monde autre n'en est pas moins fort réel et les règles à suivre pour s'y mouvoir n'ont rien de conventionnel. C'est un monde non humain, dangereux et innocent, où le bien, le mal, le devoir et l'interdit n'existent plus, la société pas davantage et le public encore moins ; c'est la solitude à deux, avec un autre homme auquel on est momentanément lié par l'aventure et par la corde.

Quant aux efforts qu'exige l'aventure, ils ne servent pas à « se dépasser », quoi qu'on dise, mais sont la conséquence et la preuve de cette rupture avec le reste du monde et l'ordinaire des jours. Les risques que cela comporte et qu'il ne faut, du reste, pas exagérer – la plupart des alpinistes meurent dans leur lit –, ne font que confirmer cette rupture. Le sentiment du risque devient donc un plaisir de plus, un plaisir sérieux, avec lequel on ne plaisante pas, non plus que sur mer, en croisière. C'est le prix à payer pour l'amour de la montagne ou de la mer. Qui a dit que l'amour ne sera gratuit qu'au Paradis ?

L'alpinisme n'est pas de la bagarre, la montagne ne nous veut pas de mal, ses véritables risques sont aléatoires. En voici un exemple. Au-dessus de Chamonix s'élève, à quatre mille deux cents mètres, le mont Blanc du Tacul, ou tape-cul ; ce n'est qu'une sorte de tremplin que recouvre un glacier, lui-même enneigé. C'est la plus facile des ascensions, ouverte à tout débutant : après une paisible marche d'approche sur le glacier, on escalade, en quatre heures, mille mètres de pente. Les crampons se plantent solidement dans la neige dure, on prend appui sur le piolet comme sur une canne [1] et on s'élève ainsi sur des rebonds qu'on aurait de la peine à franchir s'il s'agissait d'un talus terreux. C'est si aisé qu'un matin c'est moi, piètre grimpeur, qui ai pris la direction de la cordée pour « assurer » mon guide, lequel cuvait ses bières de la veille et ne cessait de vomir et de chanceler.

Malheureusement cette neige si facile à escalader peut avalancher à n'importe quel moment. Il ne suffit pas de

---

[1]. Depuis une trentaine d'années, le piolet n'existe plus, il est devenu une antiquité. La technique et les instruments ont changé.

faire cette course très tôt, avant que la chaleur du jour ait rendu instable la neige, car le glacier sous-jacent est sans cesse en mouvement et peut à tout moment déclencher l'avalanche. Dans une course aussi banale, une guide émérite, Mme Agresti, épouse d'un de mes anciens étudiants, guide lui aussi et himalayens tous deux, a été grièvement blessée dans une avalanche. Il faut donc distinguer entre la difficulté et le danger. Le mont Blanc est très facile, mais dangereux (tempêtes où l'on meurt de froid, brouillard où l'on s'égare), la face verticale du Dru est très difficile, mais sans danger, dit-on, pour un grimpeur d'élite (pas de chute de pierres se détachant du granit de la paroi).

Apprenez à présent quel avait été l'entraînement alpin que je m'étais candidement donné à Aix-en-Provence et mesurez la violence de ma passion. Chaque dimanche, vers quatre heures du matin, de fortes chaussures aux pieds, je partais pour Sainte-Victoire par la route goudronnée ; c'était la marche d'approche. Deux heures plus tard, j'étais au pied de la paroi que j'escaladais en trois heures par un sentier jalonné, d'abord herbeux, puis pierreux. Le sommet atteint, je me disais qu'un jour je serai en haut du mont Blanc, ce qui était à mes yeux le *nec plus ultra*.

Puis j'ai renforcé l'entraînement : je faisais cette course avec un sac à dos rempli de dix kilos de cailloux, puis j'ai entrepris de monter et de redescendre deux fois d'affilée ; ne souriez pas : telle est « l'énergie des passions » qui est chère à notre cher Stendhal. Puis je me suis procuré un piolet et faisais les deux courses avec cette arme à la main, pour m'habituer à ce poids supplémentaire et aussi pour l'illusion. Ce qui me valait des sourires moqueurs de la part des excursionnistes qui me croisaient, car d'aucuns sont incapables d'imaginer ce que représente un piolet ; le mien sera mis à mes côtés dans mon cercueil.

J'ai jugé avoir achevé mon entraînement le jour de 1956 où, outre le reste, j'ai brinquebalé sur les huit kilomètres de la longue échine rocheuse de la montagne. Alors je suis parti pour Chamonix, cette capitale de l'alpinisme, et je me suis rendu tout droit au bureau des guides : « Peut-on aller demain au mont Blanc ? demandai-je. – Oui, en ce moment le mont Blanc donne beaucoup, répondit au nouveau venu une voix commerciale, mais, avant le mont Blanc, nous faisons généralement faire une autre course. » J'en fis même un si grand nombre, au fil des étés qui suivirent, que j'en oubliai le mont Blanc, qui n'est guère qu'une promenade de neige de dix ou quinze heures.

À partir de 1956, Chamonix et aussi l'Oisans (j'y ai fait l'ascension de la Barre des Écrins, dont la marche d'approche parcourt le plus beau paysage des Alpes) ont embelli presque toutes mes vacances d'août pendant un quart de siècle. J'ai fait notamment le Chardonnet, l'Aiguille d'Argentières, les Arêtes de Rochefort et même, en 1966, la face nord de la Tour Ronde que le *Guide Vallot du massif du Mont-Blanc* qualifie de « très bel itinéraire, difficile ». D'autres fois, je m'encordais avec mon fils Damien, âgé d'une dizaine d'années, pour lui faire faire de petites escalades rocheuses dans les Aiguilles Rouges.

Hélas, à lire mon palmarès, le connaisseur devine à qui il a affaire : non à un vrai grimpeur, mais à un amateur qui, jamais ou presque, n'a atteint, n'a « passé » le fatidique quatrième degré de difficulté, des six degrés que compte l'alpinisme : mes guides se gardaient de me proposer des courses trop difficiles. Du moins suis-je toujours allé au sommet et n'ai-je jamais fait demi-tour. Cette médiocrité heureuse me suffisait.

L'alpinisme suppose des capacités athlétiques que je n'ai pas. J'étais nul en escalade rocheuse, je me débrouillais mieux sur les pentes de neige et de glace, tant à la montée qu'à la descente face au vide. Par chance, j'avais trouvé un guide bien élevé, compréhensif et malin, Norbert Fontaine, qui avait compris à qui il avait affaire : à un passionné dépourvu de vraie capacité. « Vous aimez la montagne », me disait-il seulement. Nous avions tout à gagner l'un à l'autre : ses courses faciles avec moi étaient pour lui des journées de repos.

Tout cela a pris fin en 1980, année où, quinquagénaire, j'ai fait la dernière escalade de ma vie ; c'était sur le plus pacifique des sommets, le Breithorn. Je veux me coucher sur la glace, mais mon flanc gauche, exposé au brûlant soleil des quatre mille mètres, était rôti à travers un anorak et deux pull-overs, tandis que mon flanc droit était brûlé par une vieille glace à moins vingt degrés. Du haut de mon perchoir, j'apercevais distinctement Zermatt, huit tours Eiffel plus bas.

Et dans l'éternité je ne m'ennuierai pas

Mais enfin, quand il était encore temps, j'avais fait l'inévitable ascension au mont Blanc. On y va, bien équipé contre le froid et dignement muni de son piolet, mais un parapluie ferait aussi bien l'affaire. Le premier jour, un petit train mène au Nid d'Aigle, à 2 300 mètres, d'où c'est un plaisir de monter ou de grimper sur des rochers jusqu'à 3 800 mètres (soit cinq tours Eiffel ou deux Sainte-Victoire plus haut), jusqu'au refuge du Goûter, qui est généralement plein comme un œuf. On y passe une mauvaise nuit à cause de l'altitude où manque l'oxygène, chose que je n'avais pas prévue à Aix ; les uns crient, d'autres vomissent ; quand mon aspirant-guide m'a réveillé vers quatre heures du matin, j'avais saigné du nez.

Du refuge au sommet du mont, mille mètres plus haut, nous avons piétiné pendant quatre ou cinq heures dans une neige épaisse où la jambe s'enfonçait profondément et où il fallait relever haut le genou à chaque pas. Dans cette montée, nous avons été doublés par un jeune géant qui portait le poids de ses longs skis sur le dos : il redescendrait le mont Blanc à skis.

Voici enfin l'arête sommitale, qui est peu pentue, mais le manque d'air m'obligeait à faire halte à chacun de mes pas pour reprendre haleine, appuyé à deux mains sur mon piolet. Une fois au sommet, on promène un regard circulaire sur un troupeau de pics moins élevés, genre de spectacle que les vues d'avion nous ont rendu banal, et au bout de trois minutes on amorce la descente pour laisser la place aux suivants.

Il apparut alors que les neurones humains ont un esprit, ont de l'âme. À la montée, j'avais peine à mettre un pied devant

Chaque sommet est une fin du monde

l'autre. Mais à peine ai-je tourné bride vers la descente qu'au premier pas mes poumons se sont remplis de bien-être et qu'il m'a poussé des ailes ; l'oxygène ne me manquait plus et je dévalais la pente à grandes enjambées, à la satisfaction de mon jeune aspirant-guide, pressé de revoir son aimée. À chacun de mes pas, l'altitude ne décroissait pourtant que de quelques centimètres ; mais les neurones avaient tout de suite appris ou compris qu'à présent je quittais les hauteurs.

Notre descente à Chamonix était presque achevée et voilà qu'étourdiment nous faisons halte un instant à un endroit où tout le monde sait qu'il ne faut pas s'arrêter. Nous étions en train de déchausser nos crampons quand une avalanche de pierres s'est écrasée à quelques mètres de nous avec un fracas de train de marchandises. Je suis reparti content et tout fier, non d'avoir échappé au péril, mais d'y avoir été exposé. C'était comme si j'avais reçu la Légion d'honneur.

Le danger auquel nous venions d'échapper n'était rien à côté du péril qui – sur un coup de folie, un autre coup de foudre – m'attendait à quelque temps de là et qui interrompit mon heureuse médiocrité. Nous parcourions à plusieurs cordées la paisible arête Midi-Plan et nous arrivons devant une pente un peu raide. « Vous pouvez me retenir, là-dedans ? » demande à son guide le client, un peu inquiet, d'une cordée voisine ; « Ne vous en faites pas, j'en ai retenu deux dans le couloir Whymper », répond en riant le guide, un des plus renommés de toute la compagnie (quelques années plus tard une avalanche devait l'emporter, bêtement, dans un parcours de ski de fond dangereux et facile). Les mots de « couloir Whymper », leur emploi proverbial, superlatif, exemplaire, ont scellé mon sort instantanément.

La renommée du couloir Whymper était parvenue à mes oreilles. C'est la pente de neige ou de glace, haute de neuf cents mètres et célèbre pour sa raideur, qui permet d'accéder à l'arête de la redoutable Aiguille Verte, puis d'en redescendre, dos à la pente et face au vide. Quel est donc ce chevalier ou bien ce troubadour qui était devenu amoureux d'une princesse lointaine, rien qu'en en entendant parler ?

En réalité, ma passion pour le Whymper était moins romanesque et plus calculée que je n'en avais conscience : le seul mérite que j'avais en montagne était de n'être pas sujet au « vertige », à la peur du vide, et c'est le seul mérite qu'exige le Whymper. Pour descendre une pente de neige-glace, il suffit de se pencher en avant dans le vide au lieu de se rétracter et, sous la poussée et le poids du corps, les crampons s'enfoncent solidement dans la glace ou la neige dure. Ma décision était prise : j'irais à l'Aiguille Verte, je « ferais » le couloir Whymper.

Le Whymper n'en était pas moins la limite extrême et aventurée de mes modestes capacités, si bien que mon désir insensé était la passion de l'inaccessible. Mais on peut être amoureux d'une chose comme on l'est d'une femme. Amundsen a dû être amoureux du pôle Sud qu'il a mis dix ans à conquérir ; et il a bien dû y avoir à la NASA un ingénieur peu politicien, peu technicien, mais un peu fou, qui « désirait la Lune ». Cette passion ne m'a pas quitté de plusieurs saisons ; inquiète à juste raison, ma femme m'avait fait faire mon testament.

Les guides ne vont pas souvent à la Verte, et encore moins avec un maladroit qui risque de dévisser dans la pente en entraînant son compagnon de cordée. Norbert Fontaine me répétait « Je vous y mènerai », mais ne le faisait jamais. Alors je me rends au bureau des guides, où l'embarras fut grand : j'étais un bon client, je laissais de bons pourboires, je partageais au retour une bonne bouteille avec mes guides. L'un d'eux prit son courage à deux mains : « Vous savez, Monsieur Veyne, l'Aiguille Verte, c'est une montagne sérieuse. » J'étais emballé, ficelé et réexpédié à ma destination la plus exacte.

Alors je veux juger en personne de la difficulté. Je vais dormir un soir au refuge du Couvercle ; le lendemain matin, l'amour me donnant des ailes, je monte jusqu'au pied de la Verte, dont, par chance, la rimaye n'était pas béante, et j'en escalade une trentaine de mètres, le nez dans la paroi. J'entreprends alors de pivoter sur moi-même, de me retourner vers le vide pour voir ce que ça donnerait à la descente. Dans cette manœuvre délicate je dévisse, c'est la chute, je glisse par-dessus la rimaye et je me retrouve enfin en bas des pentes que j'avais montées. Que faire ? Je remets de l'ordre dans mes vêtements et je m'en retourne au refuge, où je suis accueilli par de gros rires, ma glissade sans péril ayant eu des témoins. Sur quoi entre, plein d'aisance, un jeune couple souriant qui venait de faire la face nord des Droites, course du cinquième degré.

Et dans l'éternité je ne m'ennuierai pas

Mon amour était sans espoir, donc. Ma seule consolation fut de dédier ma thèse de doctorat ès-lettres, non « À mes maîtres » ni « À mes parents », selon la coutume, mais « À l'Aiguille Verte ». Cela s'est passé il y a presque un demi-siècle et aujourd'hui encore j'ai dans mon bureau une carte postale qui représente le haut du couloir Whymper.

XI.

Mai 68 à Aix-en-Provence

CET ÉCHEC ne m'arrêta pas pour autant : pendant quinze ans (1965-1980), de ma trente-cinquième année à ma cinquantième et à mon mariage avec la belle, originale et infortunée Estelle, dont il sera longuement question *in fine*, je ne cessai de passer le mois d'août à Chamonix ou dans le massif de l'Oisans. Les onze autres mois, habitant Aix-en-Provence, je faisais mes cours à la faculté d'Aix, j'écrivais beaucoup d'articles pour les revues savantes et je préparais le livre épais d'histoire romaine qui devait être ma thèse pour le doctorat ès-lettres.

J'avais, pour ce livre, « trouvé mon sujet » : en lisant des auteurs anciens et des inscriptions antiques, j'avais été frappé par les fréquentes mentions de dons civiques, patriotiques, faits à leurs concitoyens par les riches notables qui formaient, à cette époque, la classe dirigeante de chaque cité. Quand un notable était élu à une fonction publique de sa cité, il devait verser une somme déterminée au trésor public du lieu. Il payait de sa bourse les jeux publics qu'il lui fallait donner dans sa cité à titre de magistrat. Il rehausserait son nom familial s'il rehaussait sa cité en y faisant bâtir à ses dépens un édifice public. Lorsque son père venait à mourir, il offrait à ses concitoyens, en signe de deuil, un spectacle de gladiateurs ou un banquet public, surtout s'il était, vers le même temps, candidat à une magistrature.

Donner des plaisirs au peuple n'était pas de la corruption électorale, mais un devoir. Les électeurs du candidat n'étaient pas des plébéiens, mais des notables, ses pairs. Ceux-ci éliraient un des leurs qui avait su tenir son rang, honorer sa cité, plaire au petit peuple et rendre populaire en sa personne le gouvernement des notables Pour les riches qui étaient à la tête de chaque cité et en tenaient les rênes, ces largesses étaient donc politiquement obligatoires s'ils voulaient rester dignes de leur rang et être populaires. Le don civique et patriotique était un devoir, comme l'impôt l'est ailleurs (et l'était par ailleurs à cette époque), mais un devoir coutumier, une institution informelle ; c'était néanmoins un organe de la vie sociale.

Le 6 mai 1968, au début de la soirée, je venais de terminer mes cours, puis mes recherches à la bibliothèque universitaire, et je rentrais à pied chez moi, abandonnant la faculté à sa solitude silencieuse. Le lendemain matin, lorsque j'y retournai, ladite faculté était pleine à craquer d'étudiants, d'agitation et de clameurs, c'était une fourmilière qu'on aurait soulevée. Fourmis révoltées mais pacifiques qui ne s'en prenaient à personne, qui ne savaient pas ce qu'elles voulaient et qui, la veille au soir, ignoraient encore qu'elles seraient en révolution le lendemain matin. Les « événements » de Mai 68 venaient d'éclater dans toutes les universités françaises, lorsqu'au matin les étudiants avaient appris qu'à Paris, pour réprimer un mouvement de protestation, la police avait fait irruption dans la cour de la Sorbonne. C'était une insulte faite à toute une catégorie sociale, celle des étudiants.

Je n'ai pas participé à ce mouvement ni n'ai été soixante-huitard, étant quadragénaire. En revanche, j'ai éprouvé de la sympathie pour cette agitation amusante, utopique et pacifique (elle n'a fait, dans toute la France, aucun mort à déplorer) ; je la supposais grosse d'un avenir souhaitable, je ne savais trop lequel, et les étudiants ne le savaient pas plus que moi. Je déplorais seulement l'interruption momentanée des cours universitaires et, donc, de la diffusion de la culture...

Cependant, malgré mon manque de conviction et, au fond, mon indifférence, j'aimais me mêler à la foule des militants, venir parfois à leurs réunions pour y respirer révolte et enthousiasme ; leur agitation me rendait gai. La poésie me permettait d'éprouver des émotions politiques qui n'étaient pas entièrement de mon cru, comme elle fait aussi en matière religieuse. Je me récitais les beaux vers de William Blake :

> *Bring me my Spear : O clouds unfold !*
> *Bring me my Chariot of fire !*
>
> *I will not cease from Mental Fight,*
> *Nor shall my Sword sleep in my hand :*
> *Till we have built Jerusalem...*

Et dans l'éternité je ne m'ennuierai pas

En revanche, lorsque, dans Aix, j'échangeais quelques mots avec des commerçants ou des personnes de ma connaissance, je les trouvais tous excédés, outrés contre les étudiants dont l'agitation venait de servir de déclencheur à une grève générale dans toute la France. Cette grève faisait que l'essence manquait, les pompistes n'étant plus ravitaillés. La SNCF était en grève. Beaucoup de personnes ne pouvaient plus se rendre à leur travail. Paralysée en partie, toute la France était furieuse.

Mais ne jouons pas les petits saints : si, pour ma part, loin d'être furieux contre le mouvement étudiant, je n'ai éprouvé pour celui-ci qu'un noble sentiment de sympathie, c'était parce qu'il « contestait » (c'était le grand mot de l'époque) l'institution universitaire ; or je n'avais jamais ressenti beaucoup d'attirance pour celle-ci, ni ne m'en sentais solidaire. Il est vrai que, n'étant pas professeur titulaire, je n'y figurais qu'à un rang inférieur [1], ce qui explique bien des choses... Il est vrai aussi que je n'ai pas été au nombre des enseignants « contestés ».

En province, le mouvement étudiant ne donna généralement pas lieu, comme à Paris, à des barricades, à des batailles rangées avec la police. Mais, comme à Paris, il dépassa tout de suite la contestation de l'Université et devint une contes-

---

[1]. Dans le corps enseignant, les professeurs titulaires étaient, très majoritairement, scandalisés par le mouvement ; en revanche, les autres enseignants (les « assistants ») y étaient quelquefois favorables, par hostilité envers les « mandarins » de l'Université, leurs supérieurs.

tation de toutes choses, du monde tel qu'il allait. La révolte « utopique » des étudiants, ces bourgeois, fut bientôt relayée par une grève générale du prolétariat revendicateur, qui savait ce qu'il voulait et qui l'obtint presque aussitôt.

J'ai oublié le détail, souvent répétitif, de ces semaines confuses de mai-juin, il ne m'en reste qu'une impression d'ensemble. Les étudiants voulaient du neuf, ou du moins ils ne voulaient plus de l'ancien. Ils ne contestaient pas la politique du moment, celle de De Gaulle, son gouvernement n'était pas leur cible : ils y étaient comme indifférents, ils trouvaient vieillot et plutôt comique son sérieux politique ; ils le renverseraient au passage, voilà tout... Ce n'était pas non plus, prioritairement, l'inégalité sociale qu'ils contestaient, mais plutôt le conservatisme régnant dans la façon de vivre.

La guerre coloniale avait pris fin en 1961. On avait maintenant le loisir de regarder autour de soi et de découvrir que les us et coutumes étaient vieillots. Quant au Parti communiste, resté conservateur en matière de mœurs, il paraissait ridicule à ces gauchistes : la droite, maintenant, c'était le Parti, aux yeux de jeunes bourgeois révoltés contre des archaïsmes.

Les étudiants avaient une « conscience de classe » : telle est la donnée décisive de Mai 68 ; ils se considéraient au fond comme la classe instruite et dépourvue de préjugés, qui devait désormais être maîtresse de son destin et qui pouvait devenir le cerveau inventif d'un changement collectif. Des États-Unis à la Turquie et à l'Allemagne, la décennie 1960 a été celle des révoltes étudiantes.

Et dans l'éternité je ne m'ennuierai pas

Cette classe sociale avait, en effet, du recul sur son époque : depuis un siècle, la connaissance du passé et le relativisme historique faisaient partie intégrante de la culture. Depuis deux siècles, le mouvement intellectuel n'avait cessé de critiquer le cours du monde[1]. Et tout le monde avait toujours su, craint ou espéré que la société pouvait se mettre à vivre autrement qu'elle avait vécu jusqu'alors. Mais le conservatisme régnait sous de Gaulle depuis la décolonisation. Il n'y avait plus rien de neuf, ces années étaient monotones, vieillottes, et « la France s'ennuyait » : reprenant un mot de Lamartine sous Louis-Philippe, un journaliste l'écrivit prophétiquement peu de jours avant l'explosion de mai.

À la différence du mouvement prolétarien qui va bientôt prendre le relais, les étudiants révoltés « sentaient » ce conservatisme général, mais sans savoir énumérer leurs griefs ni préciser ce qu'ils désiraient. D'où le caractère « utopique » de Mai 68 : on voulait du neuf, sans savoir quoi. Aussi les deux slogans restés légendaires de Mai 68 ne sont-ils que programmatiques : l'innovation ne devant plus être prohibée, « il était interdit d'interdire » et, comme on ne savait pas bien ce qu'on

---

[1]. On a pu dresser une longue liste de petits faits et de livres qui ont préparé et accompagné Mai 68. Ajoutons-en un : la découverte, l'autorisation et le succès de la pilule contraceptive (1970-1977). Sa diffusion parmi les adolescentes prouvait en acte que la morale de la chasteté, le culte de la virginité, n'était que la « couverture » moralisante de la crainte de la conception hors mariage. Ce qui présageait une « démystification » de la morale sexuelle et un prochain bouleversement des conduites sexuelles.

voulait de neuf, il restait à l'inventer, à « mettre l'imagination au pouvoir ».

Mais soyons juste : les révoltés et aussi les autres se mirent, discrètement ou même sans y penser, à innover dans leur conduite personnelle. Les adultes les imitaient parfois. Telle épouse des plus rangées du plus paisible de mes collègues se mettait à contester l'inégale distribution des tâches ménagères. Les deux ou trois années qui suivirent Mai 68 furent pour quelques universitaires un temps de félicité et d'amour entre enseignant(e)s et étudiant(e)s. Et, dans leur activité publique, quelques adultes des deux sexes furent marqués définitivement par l'esprit révolutionnaire de ces années.

Nous assistions à une révolution des mœurs, comme il a dû y en avoir d'autres, moins bruyantes, au cours de l'histoire ; surtout dans les classes privilégiées, ces « classes de loisir » ou *leisure classes*, ce que les étudiants sont en un certain sens : ils peinent hors de la vie active des adultes, qui seule compte aux yeux des pouvoirs.

XII.

Quelques aspects de la Rome antique

CES ÉVÉNEMENTS troublants m'avaient plus amusé et intéressé que passionné ; ils ne m'avaient pas empêché de travailler à mon livre sur les dons civiques dans le monde romain. Ces dons faits à leurs concitoyens par les notables de leur cité étaient un aspect de la société et de l'État romains auquel les historiens n'avaient pas encore eu l'occasion de faire un sort ; lorsqu'ils rencontraient la mention d'un de ces dons chez un auteur latin ou grec, ils le traitaient comme un détail anecdotique, comme une libéralité personnelle. Cet aspect d'anecdotes s'efface si on réunit toutes ces libéralités sous une commune notion (ou, comme je disais à tort ou à raison, si on les « conceptualise »). Le concept étant ainsi dégagé, il ne restait plus, cerise sur le gâteau, qu'à lui donner un nom. Ce fut celui d'évergétisme, néologisme dont je croyais à tort être l'auteur [1].

---

1. Pour baptiser ce concept, ma mémoire a emprunté, sans le savoir, à l'helléniste et latiniste André Boulanger ce mot d'« évergétisme » (tiré de mots grecs qui signifient « bienfait » et « bienfaiteur ») ; Boulanger (que j'avais lu vers

Et dans l'éternité je ne m'ennuierai pas

Une fois baptisé, le don civique apparaît comme une obligation personnelle de l'homme public antique. Tout notable devait donc posséder la vertu de libéralité ou se comporter comme s'il l'avait. Bien entendu, c'est en lisant le célèbre *Essai sur le don* de Marcel Mauss que m'était venue l'idée de mon livre. Mais l'autre source de ma « conceptualisation » avait été l'attitude de mon père dans son métier de courtier, où il avait le geste large : il mêlait le don et l'échange, que les ethnologues savent si bien opposer. Sa libéralité très réelle et ses gros pourboires l'avaient rendu populaire dans la bourgade où nous habitions et dans le milieu du négoce. Si bien que, dans l'exercice de son métier de courtier, ses acheteurs et ses fournisseurs lui donnaient volontiers la préférence sur ses concurrents. Mon père fit donc fortune et put m'offrir un bel appartement à Aix, digne de sa prospérité nouvelle.

Rares étaient les concurrents de mon père qui aient eu, comme lui, le geste large dans le domaine commercial ; ils devinaient pourtant qu'ils y auraient eu intérêt ; mais, d'une part, la vertu nécessaire leur faisait trop souvent défaut et, de l'autre, l'évergétisme n'est pas institutionnalisé dans la profession de courtier en vins.

Au long de la décennie 1961-1970, entre ma trentième et ma quarantième année, j'avais amassé en une pile de dossiers toute la documentation historique de ma thèse de doctorat. Il

---

1953) a forgé en 1922 ce néologisme : chose que j'avais oubliée et que vient de me rappeler l'article « évergétisme » de Google. Il me semble aussi que le mot est employé, entre guillemets, par Henri-Irénée Marrou.

ne restait plus qu'à mettre en forme ces matériaux, à rédiger cette thèse sur le don à Rome. Malheur ! Je voulus commencer par en écrire la préface, cette préface s'allongea si bien qu'elle devint tout un livre, et ce livre, sans que j'y prenne garde, n'était pas autre chose qu'un petit volume de souvenirs : les souvenirs personnels de tout ce que j'avais lu, appris et pensé au cours des dix années d'études où j'avais préparé un gros livre d'histoire, et où j'avais tâché également de m'initier tant bien que mal aux sciences humaines et à la méthodologie de l'histoire.

Mon manuscrit n'était donc rien de plus qu'un témoignage sur la formation que s'était donnée un jeune historien épris d'idées générales. N'osant proposer au grand Gallimard mon manuscrit de débutant, je l'envoyai à une jeune maison dont la réputation ne cessait alors de croître, les Éditions du Seuil, dont la section des publications historiques était fort réputée. Elle était dirigée par deux de mes camarades, Jacques Julliard et Michel Winock. Je leur dois mon entrée dans la carrière : en 1971 ils éditèrent mon petit livre de témoignage sous un titre dogmatique et trompeur : *Comment on écrit l'histoire. Essai d'épistémologie.*

Le titre que, pour ma part, je lui avais donné était plus pittoresque, *Intrigues dans le sublunaire*. Intrigues sur notre terre, au-dessous de la lune, en ce bas monde trop humain où, selon Aristote, tout est contingent et irrégulier, à la différence du ciel, de la lune, des planètes et des étoiles, qui suivent fidèlement la nécessité éternelle de leur trajectoire. Ce qui signifiait qu'il n'y avait pas de lois de l'histoire, quoi que suggèrent les mots trompeurs de « sciences » humaines : sur la terre des hommes il n'y avait que des « intrigues » compliquées, pareilles à celles des comédies et tragédies où se mêlent conditions matérielles, rôles humains et part du hasard. Sans qu'il y eût au-dessus un facteur dominant, un « premier moteur », à savoir les forces et rapports de production économiques, qui sont eux-mêmes produits par des intrigues.

Tout cela était trop évident, mais ce qui frappa et séduisit mes lecteurs était ce que je ne disais pas : dans ce livre de souvenirs d'études, je ne me mêlais pas des trois clans entre lesquels se partageaient les historiens, en France du moins, à savoir le marxisme, l'École des Annales et la tradition universitaire. Par malheur pour moi, un ouvrage sous-titré *Essai d'épistémologie* pouvait difficilement passer pour un simple témoignage personnel : il paraissait dogmatique, didactique ; donc, par mes silences, je semblais prendre publiquement position et non m'en tenir à mes souvenirs personnels. Certes je disais du bien, en cinq lignes, de l'École des Annales, mais ensuite je n'en parlais plus ; donc, au fond, j'étais contre, puisque je n'adhérais pas expressément.

Je ne prétendais pourtant pas faire bande à part : je ne m'étais même pas posé la question. Mais je me retrouvai mêlé à une de ces luttes de clans qui agitent souvent cette République des Lettres. Je vais évoquer cette guerre, dont le provincial que j'étais avait jusqu'alors ignoré l'existence.

Aux yeux de quelques membres de l'avant-garde, comme

mon livre ne faisait allégeance à aucun parti et que je m'y moquais du marxisme et de quelques idées en vogue, je n'étais qu'un provincial mégalo et envieux qui s'en prenait à l'intelligentsia parisienne. « Veyne ? Il n'a rien inventé, sauf le veynisme. » Et pourtant, dans le grand public, grâce au bouche à oreille, ce livre d'un inconnu qu'était *Comment on écrit l'histoire* obtint quelque succès (il sera traduit en plusieurs langues, dont l'arabe, chose rare ; il vient, en 2014, d'être traduit en turc).

Ce qui fit sensation fut le compte rendu, très élogieux, très critique et très long, que Raymond Aron en personne faisait de mon livre dans la revue de l'avant-garde, les *Annales d'histoire économique et sociale*[1]. Aron avait remarqué ce livre qui était étranger à beaucoup d'idées alors en vogue. Ce compte rendu et son auteur sont à l'origine de mon élection au Collège de France, cinq ans plus tard.

La critique en six points qu'Aron faisait de mon livre à la fin de son article me fit sentir l'abîme qui séparait mon vernis de culture philosophique et sociologique et le niveau, on ne peut plus élevé, où était située cette intelligence supérieure ; son *Introduction à la philosophie de l'histoire* (1938) demeure insurpassée. Au prix d'incessants voyages d'Aix à Paris, je me mis donc, pour m'instruire, à suivre les cours de séminaire de Raymond Aron ; j'y présentais souvent des exposés dont Aron faisait ensuite la critique. Mais, étant solitaire de nature, je ne

---

1. *Annales E.S.C.*, VI, 1971, p. 1319-1354.

faisais pas pour autant allégeance à Aron (du moins voyais-je ainsi les choses). De plus, je ne partageais pas ses opinions politiques.

Entre temps, j'avais soutenu ma thèse et étais devenu docteur ès-lettres. Mai 68 était passé par là : en province, certains universitaires étaient las du prestige supérieur des universités parisiennes. Selon la coutume, j'avais pour directeur de thèse, pour « patron », un professeur en Sorbonne. Il ne m'avait nullement dirigé, était étranger à ce que je faisais ou voulais faire et ne m'avait rien appris. Je ne me sentais aucun atome crochu avec lui, qui, en revanche, tenait à moi et faisait ma carrière : c'était grâce à lui que j'avais été nommé à l'École de Rome. Le lecteur le sait déjà, je reconnais être un ingrat : j'ai rompu avec mon bienfaiteur.

Il y eut entre nous une scène qui fut violente de part et d'autre : « [Je] commettais un parricide, [je] ne serais jamais professeur en Sorbonne ni membre de l'Académie des inscriptions et belles-lettres. » Ce qui m'était égal. À Aix, mon collègue latiniste, Jean-Pierre Cèbe, qui était à peu près du même âge que moi, me rendit amicalement, à ses risques et périls, le grand service de devenir mon nouveau directeur de thèse ; ce dont je lui suis fort reconnaissant, comme on peut l'être à l'égard de ses égaux. Bien que pareille soutenance ait quelque chose de séditieux, Georges Duby, alors professeur à Aix, et Raymond Aron acceptèrent de faire partie de mon jury de thèse.

Quelques aspects de la Rome antique

Ayant pris conseil de mon maître Pierre Boyancé, Raymond Aron me laissa entendre son intention de présenter ma candidature au Collège de France lorsqu'une chaire y serait vacante. Le lecteur apprendra sans surprise que j'en fus très heureux, car le Collège est une royale voie de garage, indépendante de l'Université. C'est une institution sans hiérarchie intérieure, sans vie collective, chacun y est seul avec lui-même. J'étais devenu le *free-lance* que j'avais toujours rêvé d'être. On n'a ni étudiants ni examens à faire passer, seulement des auditeurs libres, et seize heures d'enseignement (de « conférences ») par an, si l'on est un littéraire. On a donc tout son temps pour travailler. Les professeurs scientifiques n'en ont que quatre et peuvent disposer d'énormes laboratoires. Tout repose sur la passion que nourrit chacun pour son sujet d'étude, archéologie mésopotamienne ou physique nucléaire. Ce système fonctionne bien, puisque plusieurs professeurs sont prix Nobel [1].

Devant la perspective d'une cooptation au Collège de France, terrifié à l'idée de mes futures responsabilités et de mes futurs auditeurs, je devins pareil à un lycéen qui va entrer dans la redoutable classe terminale et qui fait de grosses révisions anxieuses pendant ses vacances. J'avais encore un long répit de durée indéterminée et j'entreprends, pour... réviser, de lire ou relire la totalité des auteurs latins, de Plaute à l'*Histoire Auguste*.

---

1. Ou médaille Field, ce prix Nobel des mathématiciens.

Et dans l'éternité je ne m'ennuierai pas

Cet océan de textes une fois parcouru en courant, la fin d'une ode d'Horace me revint à l'esprit : un héros, Teucer, s'apprête – comme je ferais moi-même en quittant l'Université – à quitter sa terre natale, son ingrat établissement paternel, pour une incertaine traversée vers l'île lointaine où il établirait son nouveau royaume. Au cours d'une étape, il dit à ses compagnons d'arme :

> Nous nous rendrons, où que ce soit, là où nous porte une Fortune meilleure que mon père. Ô vaillants, ô combattants qui, avec moi, avez déjà connu le pire, oubliez pour ce soir vos soucis dans le vin. Demain, à nouveau, nous labourerons [1] l'immense mer *(cras ingens iterabimus aequor)*.

Teucer a raison, me dis-je, oublions et allons passer un mois à Chamonix.

Cependant, au cours de mes relectures, j'avais remarqué, comme tout le monde, un grand nombre d'allusions, pleines de mansuétude, aux pratiques que nous appelons homosexuelles. Je résolus de m'intéresser à ce trait de mœurs antiques, dont la bibliographie n'était pas longue. Car, par respect des convenances, les historiens, il y a encore quarante ans, évitaient d'en parler. Mais tous savaient bien que, chez les païens, l'amour entre hommes n'était pas maudit.

---

1. Horace, *Odes*, I, 7 *ad fin*. Oui, tel est le véritable sens de cet *iterabimus* qui est souvent mal compris : donner une seconde façon aux terres (Cicéron, Columelle, Pline l'Ancien). La proue du navire fend la plaine salée à la manière d'un soc de charrue (Eschyle, *Suppl.*, 1007 ; Virgile, *Énéide*, II, 780 ; III, 495).

Quelques aspects de la Rome antique

Du moins jusqu'au IIᵉ siècle de notre ère, où le stoïcisme se met à le blâmer, car tout plaisir est une faiblesse indigne d'un être viril. Or l'homosexualité est un plaisir, pire encore, c'est un plaisir inutile, puisqu'elle est stérile ; alors qu'il faut remplir les fonctions inscrites dans la nature, dans notre nature, dont celle de faire des enfants. Et ces fonctions seulement. L'homosexualité n'était pas *contre* nature, elle était *hors* nature. La nature telle que la concevaient les penseurs [1].

Quant à la morale commune de Rome, ce qu'elle stigmatisait n'était pas proprement l'homosexualité, c'était l'« impudicité ». Mais qu'entendait-on par ce mot d'*impudicitia* ? C'étaient les conduites où un citoyen, un mâle, se prêtait passivement au plaisir d'autrui, au lieu d'être actif pour son propre plaisir. Il était donc « impudique », non pas de sodomiser, mais de se faire sodomiser ; horreur encore pire, le *cunnilingus*, puisqu'un homme s'y mettait au service du plaisir d'un être moindre que soi-même : une femme.

Toutefois, tout cela demeurait au fond une affaire de statut social. Car, déclara un jour un avocat romain, « chez un homme de naissance libre, l'*impudicitia* est un crime ; chez un esclave, c'est une chose à laquelle il doit nécessairement se soumettre ; chez un affranchi, c'est un devoir » de recon-

---

[1]. Et ils en pensaient long ! Pour Sénèque, il est contre nature de manger la salade à la fin du repas plutôt qu'au début (ou l'inverse : je ne me souviens plus bien) ; et il étouffe d'indignation à l'idée des femmes qui poussent la perversité, dans l'étreinte, jusqu'à s'étendre sur leur mari *(equus eroticus)* et non sous lui.

naissance qu'il doit avoir envers le maître qui lui a accordé la liberté[1].

Et l'homosexualité féminine ? Les textes antiques en parlent rarement, sauf pour répéter que les lesbiennes sont d'horribles vicieuses ; mais ce ne sont que des femmes, et ce n'est pas la peine d'en dire plus.

Bilan : dans la classe riche, une conduite banale était d'avoir pour mignon un joli petit esclave, à l'exemple de Jupiter, qui trompait son épouse Junon avec son échanson, le jeune et charmant Ganymède. De quoi Junon, jalouse, se lamentait[2]. Les mignons, cette source de chagrin pour les épouses ! Dans un contrat de mariage de l'an 92 avant notre ère[3], le mari s'engage à n'avoir « ni concubine ni mignon ». Les poètes s'efforcent de consoler les malheureuses :

> La fidélité de ton mari t'est connue ; alors, pourquoi te torturer sottement au sujet de ses échansons, qui ne peuvent lui donner qu'un plaisir bref et fugitif[4] ?

Dix-neuf fois sur vingt, ce mari qui usait d'un giton n'était nullement homosexuel. Alors, pourquoi recourait-il à un

---

[1]. Cité chez Sénèque le Père, *Controverses*, IV, *praef.*, 10 : *crimen, necessitas, officium*. Comparer chez Sénèque (le fils) une tripartition voisine : *beneficia, officia, ministeria* (*Des bienfaits*, III, 18, 1). Chez Pétrone, *Satyricon*, 75 et 45, « il n'y a pas de honte à faire ce que le maître commande » ; du reste, « l'esclave n'est pas en faute, puisqu'il ne peut refuser ».

[2]. Virgile, *Énéide*, I, 28.

[3]. Papyrus de Tebtunis dans les *Select Papyri* de Hunt et Edgar (Loeb Classical Library, 1932), vol. I, n° 2, p. 6 : *mêde pallakên mêde paidikon*.

[4]. Martial, XII, 97, 1-4. Sur *minister*, « échanson », Martial, IX, 26, 3, etc.

mignon, alors qu'il disposait dans la maisonnée d'esclaves féminines ? Pour épargner à sa femme les souffrances de la jalousie. S'il avait pris des femmes esclaves pour concubines, la maisonnée servile se serait bientôt augmentée de quelques nouveau-nés (qui naîtraient esclaves du maître, puisque leur mère était elle-même esclave de celui-ci). Et le bruit que ces bébés étaient des rejetons du mari serait tôt ou tard revenu aux oreilles de l'épouse.

Et s'il ne s'agit pas d'une épouse, mais que l'on convoite une maîtresse qu'on ne pourrait conquérir qu'à grands frais et qu'on ne posséderait que dans la clandestinité périlleuse de l'adultère, mieux vaudrait, cette fois aussi ici, recourir à un mignon. En un moment de lassitude ou de crainte, le poète Properce déclare :

> À mes ennemis, je souhaite d'aimer les filles ; à mes amis, les garçons : avec eux, pas d'inquiétude, ta barque descend tranquillement au fil de l'eau et la rive n'est pas loin. Alors qu'on n'attendrit les maîtresses qu'en suant sang et eau [1].

Et pourtant Properce ne chante que les femmes et ne désirait que celles-ci. Oui, il était hétérosexuel !

Nous savons que, de nos jours, environ cinq pour cent des hommes et des femmes sont homosexuels, dans toutes les classes de la société. Soit un sur vingt. Et pourtant, dans l'Antiquité païenne, la *pratique* homosexuelle était beaucoup

---

1. Properce, II, 4, 17-22.

plus répandue [1]. Dans l'Antiquité, un mari hétérosexuel que sa femme rebute, un célibataire qui n'a pas de femme sous la main se... soulage sur un esclave.

La structure génétique de la sexualité aurait-elle changé en quinze siècles ? La fréquence des goûts homosexuels était-elle jadis plus élevée ? Non, la bonne explication est plus simple : il faut distinguer le désir, qui est sexué, et le plaisir, qui est unisexe. Le *désir* a une préférence exclusive pour un sexe ou pour l'autre : dix-neuf hommes et dix-neuf femmes sur vingt préfèrent résolument un autre sexe que le leur, et la plupart d'entre eux n'ont rien connu d'autre. Tandis que le *plaisir*, en sa crudité physiologique de besoin sexuel, n'est pas sexué, mais est unisexe, quelque surprenante que puisse être à nos oreilles cette affirmation. Elle n'aurait nullement étonné dans l'Antiquité, où chacun connaissait ce « funeste secret » (comme on aurait dit au Grand Siècle [2]) qu'il est moralement interdit, chez nous, de savoir ou de découvrir par soi-même. Ce qui explique que l'homosexualité antique soit pour nous une énigme.

---

[1]. Voir l'excellent ouvrage de Florence Dupont et Thierry Éloi, *L'Érotisme masculin dans la Rome antique*, Paris, Belin, 2001. Je m'en veux d'avoir omis d'y renvoyer dans mon édition annotée de l'*Énéide* (Paris, Les Belles Lettres, 2013) à propos de Nisus et d'Euryale.

[2]. J'abuse de ces deux mots. En fait, ce qu'au XVIIIe siècle les fondateurs de la démographie appelaient « funeste secret » était le *coïtus interruptus* ou péché d'Onan (qui n'est pas la masturbation). Mais a-t-on remarqué que Molière en parle ? Dans sa déclaration d'amour à Elmire, Tartuffe lui promet « du plaisir sans peur ». Dans un de ses romans, Hippolyte Taine parle d'un jeune homme du meilleur monde qui vantait en société sa maîtrise en ce domaine, afin de se procurer des maîtresses.

Quelques aspects de la Rome antique

Dans son journal intime, le vertueux Marc Aurèle s'applaudit d'avoir eu une adolescence longtemps chaste et de « n'avoir touché ni à Bénédicta ni à Théodotus[1] ». Donnons un exemple plus moderne, que j'emprunte en partie à cette mauvaise langue de Voltaire. De son temps, les croisières duraient six mois ou le double et, « dans les marines des nations policées », écrit-il, les matelots et les petits mousses servaient d'épouses à d'autres matelots. Mais je suis sûr, moi qui vous parle, qu'à peine arrivés à une escale dix-neuf matelots sur vingt n'avaient qu'un désir : aller retrouver les filles à matelot.

Supposons de nos jours un hétérosexuel bon teint qui, par hypothèse, n'éprouve ni ne refoule la moindre tendance à l'homosexualité. Un beau jour, on ne sait trop pour quelle raison (acte gratuit, simple curiosité et tout ce qu'on voudra), il décide de coucher avec un garçon, alors qu'il n'en éprouve aucun *désir*. Plus encore, cette décision lui inspire d'emblée une répulsion craintive. Sur un pareil sujet, il faut tout dire : il lui répugne autant d'imaginer sa main se posant sur un sexe masculin que l'idée de la poser sur un excrément. Mais enfin, c'est un homme courageux et il passe à l'acte.

On ne saurait croire quelle est alors la stupéfaction de cet hétéro : dès le tout premier contact des deux corps nus, il a éprouvé un plaisir sexuel *aussi grand* qu'avec une femme ; et *le même* plaisir physiologique qu'avec une femme ; oui, le même.

---

[1]. Marc Aurèle, I, 17, 13.

Si bien qu'il a cru un instant que son imagination le trompait et qu'il avait une femme dans les bras.

Même plaisir, donc, mais à une grosse nuance près : à la crudité de ce plaisir manquait un certain charme, le charme que seul le beau sexe pouvait procurer à cet hétéro. Le charme du *désir*. Aussi notre homme n'a-t-il jamais renouvelé son expérience : son plaisir, qui avait été grand, s'était pourtant réduit à ce qu'un traité médical de physiologie humaine décrirait sous ce mot.

Un ami homosexuel m'a confié la même chose en sens inverse : « Oui, j'ai connu des femmes, mais... je ne vois pas l'intérêt. » Et une dame hétéro qui ne voulait pas mourir sans savoir m'a dit : « J'ai couché avec une amie, mais je préfère les hommes. » Toutefois, l'une et l'autre avaient éprouvé un grand plaisir avec le sexe qui n'avait pas leur préférence. Et *le même* plaisir, répétons-le.

Ce qui explique le cas des homosexuels qui sont mariés et pères de famille ; certains ont été sensibles à la grâce encore ambiguë d'une adolescente, d'autres ont craint la mauvaise réputation. Même « bisexualité », comme on dit, chez une dame hétéro qui est sensible à la beauté d'une amie, à sa personnalité, à l'agrément de sa société ou à la fascination qu'elle-même exerce sur une jeune disciple. Ces attraits compensent un plaisir physique très réel, mais qui reste un peu court, faute de vrai désir sexuel derrière lui.

Ainsi donc, à côté des « vrais » homosexuels, qui sont des homos de désir, il y a les homos d'occasion, qui sont des homos de plaisir seulement ; et, dans l'Antiquité, ces derniers étaient bien plus nombreux que chez nous.

Aujourd'hui, les études sur la sexualité sont devenues courantes, elles ne l'étaient pas encore vers 1975, lorsque j'entrerais au Collège ; elles sentaient le soufre. Mais à quoi bon avoir le privilège d'entrer au Collège, si ce n'était pour y faire ce que d'autres ne faisaient point ? Encouragé par mon grand ami Michel Foucault, je publiais deux ou trois petits écrits sur l'amour antique ; Georges Duby m'invita à venir parler d'amour à son séminaire.

Dans un certain milieu, cela fit pousser des oh ! et des ah ! sur ma personne, voire sur mes mœurs ; au mieux, on me traitait de provocateur et ce qualificatif m'est longtemps resté. On recourt aisément à la psychologie de la provocation. Il serait non moins aisé de faire la psychologie de la croyance à la provocation ; la bourgeoisie des années 1920 aimait croire que les « peintres cubistes » n'avaient d'autre souci que d'« épater le bourgeois ». Si certains se sentent provoqués, qu'y puis-je ?

Derrière cette interprétation simpliste, on retrouve un problème qui est professionnel, celui de la plus grande diversité des motivations humaines. Nous autres, historiens, nous nous faisons quelquefois de celles-ci une idée trop pauvre ; les animaux supérieurs, dont les hommes, ne sont pas seulement intéressés et égocentriques. Par exemple, ce qu'ils trouvent « intéressant » est désintéressé, comme le lecteur s'en souvient peut-être.

Et dans l'éternité je ne m'ennuierai pas

On voit pareillement traîner certaines erreurs historiques (ou ce que je crois être des erreurs), qui toutes, par rationalisme ou par intellectualisme, ramènent certaines décisions politiques à un calcul. Devenu professeur d'histoire romaine au Collège, j'en ferai un jour le sujet d'un cours et d'un petit livre [1] sur un des grands événements de l'histoire universelle : en 313, un empereur romain, le païen Constantin, s'étant converti lui-même, a mis fin aux persécutions et a fait du christianisme une religion autorisée, à côté du paganisme. Or on aimait penser, vers 1900, que l'empereur avait agi, non par sincère conviction religieuse, mais par calcul politique, pour mettre les chrétiens de son côté. Si c'était vrai, ce calcul aurait été d'une rare maladresse, les chrétiens n'étant alors qu'une petite minorité haïe.

En fait, Constantin n'a nullement cherché à imposer le christianisme à tous les sujets de l'Empire ; sa conversion était une décision purement personnelle, individuelle, mais de taille gigantesque : il entendait, par son exemple, indiquer au genre humain le chemin vers le vrai Dieu. Par son exemple seulement ; il s'est bien gardé de convertir de force ses sujets païens, dont les cultes publics se maintiendront jusque vers la fin du IVe siècle. On ne saurait brusquer les consciences, faire croire de force, disait-il. Non, il n'est pas naïf de penser qu'un homme politique, quelque autoritaire et ambitieux qu'il fût,

---

1. *Quand notre monde est devenu chrétien (312-394)*, Paris, Albin Michel, 2007.

Quelques aspects de la Rome antique

ait pu avoir par ailleurs une religiosité sincère et qu'il ait voulu tenir une grande place dans l'histoire universelle [1].

Par une autre conception étroite de la nature humaine, par un excès d'intellectualisme, on aime à dire que les fresques et sculptures des églises médiévales étaient « le catéchisme des illettrés ». Ou encore, on qualifie de « propagande impériale » le décor monumental qui, dans tout l'Empire romain, célébrait la gloire de l'empereur régnant. Je ne dis pas que ces façons de parler hurlent le faux, mais qu'il y manque une nuance : ces décors monumentaux n'étaient pas faits pour être déchiffrés, lus comme est lu aujourd'hui un tract qui cherche à persuader notre intellect. Et ce petit anachronisme fait méconnaître un autre lobe du cerveau humain, le lobe sensible à la splendeur, au sublime, à tout ce qui éblouit, à la gloire.

La Colonne Trajane, à Rome, s'élève jusqu'à la hauteur d'une maison de douze ou quinze étages. De bas en haut, elle est couverte de bas-reliefs qui exaltent la gloire militaire de l'empereur Trajan. Or ils sont placés trop haut pour que le spectateur puisse distinguer ce qu'ils représentent. Alors, à quoi bon les avoir sculptés ? Arrêtons-nous un instant sur cette colonne ou, mieux encore, sur sa jeune sœur jumelle, la Colonne Vendôme à Paris, qui en est l'imitation exacte et qui

---

[1]. Il avait aussi des « bénéfices secondaires » : en se convertissant, il faisait un coup d'éclat, un acte qui serait insigne dans l'histoire des empereurs. Et il deviendrait à coup sûr, *de facto*, le chef de l'Église.

s'élève à la même hauteur, mais dont les bas-reliefs illustrent les campagnes de Napoléon et non celles de Trajan. Ils ne sont pas plus déchiffrables que les précédents ; on entrevoit des scènes militaires, on croit deviner, çà et là, le célèbre « petit chapeau » du dictateur corse. Quel promeneur a jamais aspiré à les déchiffrer davantage ? Du moins voit-il que ce sont des scènes militaires, ce qui lui suffit.

Mais il aura pu admirer quelle quantité de zèle et de talent, quelle dépense de richesse décorative avaient été requises pour rendre à l'empereur, à la face du ciel, un hommage digne de lui. Cette prétendue propagande était une célébration de la gloire impériale, une sorte de liturgie, un peu comme la messe en latin dont personne ou presque ne déchiffrait le texte.

Et le décor sculpté ou peint des églises médiévales, était-il vraiment le catéchisme des illettrés ? Ne serait-ce pas là une supposition trop utilitariste ? Faut-il supposer que le curé de Moissac organisait des tournées de catéchisme, sinon de tourisme ? Qu'il réunissait ses ouailles devant l'admirable et hermétique tympan de l'église paroissiale, pour leur apprendre que c'était l'illustration de la seconde vision de saint Jean, aux chapitres IV-V de l'Apocalypse ?

L'art sert à affirmer fortement les grandes vérités ou les grands souvenirs à la face du ciel[1], quand même peu

---

1. Il sert à « marquer le coup », pour le meilleur ou pour le pire. Le sujet de l'admirable *Requiem* qu'a composé en 1965 György Ligeti sur une commande des Nations unies est Auschwitz.

d'hommes entendraient le détail de son langage. Le tympan rehaussait l'église en l'ornant, pour proclamer la gloire de Dieu, et c'était assez, globalement. Il n'était pas plus nécessaire de pénétrer le détail trop savant de cette ornementation figurée qu'il ne l'aurait été de suivre les entrelacs d'une arabesque d'art islamique qui rehausse une mosquée.

Les imagiers se souciaient fort peu de catéchiser les ignorants. Je ne l'ignore pas, la mère du poète François Villon, qui était illettrée, reconnaissait, sur les murs de son église paroissiale, ce que représentait une peinture facile à déchiffrer : le Paradis, l'Enfer « où damnés sont boulus ». Mais la plupart des autres scènes lui restaient indéchiffrables, à coup sûr ; du moins voyait-elle que c'étaient des images pieuses, ce qui lui suffisait.

Par ailleurs, sculpter le tympan de Moissac avait fait le bonheur de ceux qui l'avaient exécuté et qui étaient contents de leur ouvrage, lequel leur suffisait et se suffisait à lui-même, qu'il fût scruté ou ne le fût point. Car, en cette affaire, outre la gloire de Dieu, il y a aussi l'œuvre. J'ignore ce que valent les *Souvenirs* que je suis en train d'écrire et combien de lecteurs les déchiffreront, mais, chaque matin, je me sens heureux devant mon ordinateur quand j'y travaille ; au même moment, dans la pièce voisine, devant ses fourneaux, ma gouvernante Évelyne Chambon est heureuse et fière de travailler à un de ces bons plats qui sont ses œuvres.

L'intéressant qui est désintéressé, l'art planté trop haut à la

Et dans l'éternité je ne m'ennuierai pas

face du ciel, l'œuvre ou du moins le zèle de l'ouvrier [1], ou encore le plaisir de s'exprimer... Que de choses il y a dans l'homme, dans le *Dasein*, dont *Sein und Zeit* ne parle pas ! Je me répète : si la plupart des hommes s'intéressent à leur travail, ce qui permet à l'humanité de survivre, c'est parce que, dans le travail, ils peinent, mais s'expriment.

---

1. Si ma mémoire est bonne, n'était-ce pas le père de Péguy, menuisier, qui, au dire de son fils, mettait son zèle à bien arrondir un barreau de chaise, et y prenait plaisir ?

XIII.

Rencontres du premier type

POUR MA MODESTE PART, en cette année 1975, je peinais sur la Rome antique et, comme je l'ai dit, Raymond Aron voulait me faire élire au Collège de France. Le Collège compte une cinquantaine de professeurs, tant littéraires que scientifiques ; en cas d'élection, tous votent et eux seuls. Lorsqu'une des cinquante chaires devient vacante par le décès du professeur qui l'occupe ou par son départ à la retraite, à l'âge de soixante-dix ans, on élit un nouveau professeur. Ou plutôt on transforme la chaire.

Car le Collège est d'un avant-gardisme puritain. Si le professeur de tibétain, pour prendre cet exemple, est atteint par l'âge de la retraite, il serait de mauvais goût de lui donner aussitôt un successeur : il convient de suivre au plus près le mouvement de la science en train de se faire. Or la sensibilité d'un des professeurs en exercice, Aron en l'occurrence, a perçu un frisson nouveau du côté des jeunes historiens de l'Antiquité romaine. Va-t-il donc proposer la candidature de l'un de ces jeunes savants ?

Et dans l'éternité je ne m'ennuierai pas

Non pas, car la chose se fait en deux temps : Aron doit d'abord proposer officiellement à ses collègues de transformer l'ex-chaire de tibétain en chaire d'histoire de Rome (le tour du tibétain pourra éventuellement revenir un jour). Si la chaire romaine est votée, le jeune historien auquel songe Aron y présentera sa candidature.

En un premier temps, Aron doit donc obtenir la création de cette chaire. La chose se passe en séance solennelle, sans témoins, au centre de la majestueuse salle des Actes, autour d'une immense table où siègent les professeurs en exercice. Des retraités, « professeurs honoraires » (je suis aujourd'hui l'un de ceux-ci), sont venus assister à la séance et font tapisserie sur des chaises alignées le long du mur, sans avoir droit à la parole : la science doit rester jeune.

Dans un discours d'une cinquantaine de minutes, selon la coutume, Aron dit tout l'intérêt que présentait à présent l'histoire romaine telle qu'on commençait à l'écrire, et proposa la création d'une chaire. Il se garda rituellement de prononcer le nom du futur candidat. En réalité, tous ceux qui s'intéressaient à l'affaire étaient déjà renseignés sur lui. Après l'exposé de Aron, quelques voix s'élevèrent, favorables ou non à la création de ladite chaire, puis vint le vote secret, qui fut positif. Le candidat n'avait jamais été nommé et ne fera l'objet d'aucune discussion publique : tout doit se passer dans le for intérieur de chacun, dans le secret des consciences.

Je présentai alors ma candidature. Il me fallait faire une cinquantaine de visites de candidature et je vins passer un mois à Paris. Tout se déroulait très courtoisement. Auprès des scientifiques, je ne manquais pas de dire qu'à présent l'Antiquité devait s'étudier, notamment, à coup d'ethnologie, d'économie, de sociologie.

Ma visite la plus réussie avait été chez le redoutable André Chastel, historien de l'art italien et grand *connoisseur*, très renseigné sur mon compte, qui me reçut chez lui et non dans son bureau du Collège. Il me fit entrer dans son salon. « Tiens, un œuf d'autruche, comme chez les Omeyyades », dis-je en voyant que le lustre suspendu au plafond était fait d'un de ces œufs. Pour gagner le fauteuil qui m'était destiné, je dus passer devant une immense reproduction de la *Madone de Montefeltre* de Piero della Francesca [1]. « C'est à la Brera, ça », dis-je d'un air blasé. Le fauteuil était occupé par un énorme bouledogue. Je m'approchai hardiment et lui caressai le crâne. Chastel vota pour moi. Je fus élu confortablement et le président de la République n'eut plus qu'à signer mon arrêté de nomination. Car le Collège relève nominalement de la présidence de la République, à titre régalien, de même que les défuntes chasses à courre de Rambouillet.

En revanche, l'élection de Roland Barthes, qui avait précédé la mienne, s'était faite au prix d'une guerre interne. « Si cela continue, nous allons élire Eddy Merckx », s'écria en privé Mme de Romilly. Je m'empresse d'ajouter qu'un pareil nom dans une telle bouche n'était qu'une noire fleur de rhéto-

---

1. Sur ce tableau, une lampe faite d'un œuf d'autruche pend au-dessus de la Vierge.

rique. Le Collège entend réunir les vraies avancées du savoir et se méfie des célébrités de la rue, non par jalousie, mais par jansénisme. Bourdieu faillit être victime de sa popularité ; heureusement une voix s'éleva pour dire que, si la célébrité ne pouvait pas être un argument, elle ne devait pas être un obstacle.

On compensait ces élections trop populaires en élisant, la fois suivante, un assyriologue de réputation internationale. Ce qui serait inexpiable serait de chercher à faire élire son propre disciple. « Fais-toi cloner ! » s'entendit ainsi rétorquer (dans une réunion informelle, il est vrai, d'où le hardi tutoiement) l'audacieux qui prétendait ainsi perpétuer un stade déjà atteint par la science, le stade que lui-même avait atteint.

Je ne tairai pas la satisfaction de vanité que mon élection me donna durant quelques semaines. Je parvins à la dissimuler, j'espère, à mes amis, collègues et connaissances ; mais, parmi des inconnus, dans un compartiment de chemin de fer, il m'est arrivé une fois de prendre des airs importants. Mes cours devaient commencer sept mois plus tard, précédés d'une de ces solennelles « leçons inaugurales » dont *Le Monde* a coutume de rendre compte et dont la perspective me terrifiait. Il paraît que, tout en haut, les nouveaux Immortels tremblent pareillement pour leur discours de réception à l'Académie. Quand éclata une heureuse nouvelle qui fit diversion : notre ambassade aux États-Unis m'invitait à New York, auprès du conseiller culturel.

Rencontres du premier type

Je n'étais encore jamais allé là-bas, bien qu'une partie de ma famille fût devenue américaine, dont ma sœur Hélène, aujourd'hui psychothérapeute en Californie. Je ne pouvais prévoir qu'à New York je ferais la connaissance d'un artiste qui allait devenir un des amis de cette seconde moitié de ma vie, à côté de Michel Foucault, de Claude Roy et, un peu plus tard, de Michel Piccoli, qui voudra bien m'honorer de son amitié.

Les invités des diplomates cessent vite de s'imaginer qu'ils ont bénéficié d'une faveur ; pour justifier la dépense de leur voyage, l'autorité invitante les utilise à plein temps. Le lendemain de mon arrivée, sans même me permettre d'aller saluer d'abord la statue de la Liberté, le conseiller culturel m'expédie faire la connaissance d'un certain Paul Jenkins, natif du Missouri et peintre non figuratif. Il connaissait bien la France et l'ambassade voulait voir en lui un rejeton de l'École de Paris ; elle lui avait d'ailleurs commandé un tableau.

Un taxi me dépose au bas de Manhattan, devant le loft qui servait d'atelier à l'artiste. Je vois le peintre et son épouse, tous deux francophones, je vois des tableaux, quelques phrases sont échangées et c'est entre nous un coup de foudre mutuel qui devait se perpétuer plus de trente ans, jusqu'à ce que mort s'ensuive. La cordialité réfléchie et directe de l'intelligente Suzanne Donnelly Jenkins y sera pour beaucoup.

Je m'étais trouvé ce jour-là en face d'un quinquagénaire au doux sourire accueillant, très grand, très mince, très droit, très aisé, avec une longue barbe de prophète sous un long visage étroit et des yeux rêveurs. S'ouvrir à autrui lui était d'autant plus facile que son indépendance n'obéissait qu'à sa vocation. Mais on sentait bien qu'il avait une morale, des racines protestantes, et que cet amour du prochain était érigé en principe. Il me disait du bien de ses rivaux, De Kooning ou Motherwell.

J'avais devant moi quelques-unes de ses toiles à l'acrylique, qui me parurent plus suaves qu'expressionnistes. C'étaient d'amples paysages intérieurs aux chaudes couleurs harmonieusement contrastées, vibrantes de luminosité, où s'entrecroisaient des courbes savantes que n'arrêtaient ni angle ni ligne droite ; avec, çà et là, des morceaux de virtuosité d'une profonde subtilité impalpable. Tout n'était que liberté, harmonie et beauté, « beau » étant le fin mot de Jenkins en matière artistique. J'en fus aussitôt pénétré.

Une immense toile de lui est visible à la bibliothèque du centre Pompidou, don de Mme Pompidou. Jusqu'à son dernier jour il sera exposé partout, d'Amsterdam à Tokyo, mais le marché de l'art est à plusieurs étages. Jenkins ne faisait plus l'actualité dans les médias ; l'heure était au pop art. Cependant, sans faire de bruit, il était toujours aimé et vendait bien ; son couple vivait largement.

À mon retour en France, à mon heureuse surprise, je reçus de lui, en don gratuit, une grande toile tricolore que j'offris à ma femme. Puis, un beau jour, le couple Jenkins vint nous voir dans notre village, tous deux prirent ma femme en amitié, si bien que, chaque année, au cours de leur séjour en France, ils venaient passer une semaine chez nous, au pied du mont Ventoux. C'est pourquoi nos murs se sont peu à peu couverts d'acryliques, gouaches et collages : même au pied d'un mont, ses mains ne pouvaient rester inactives.

Pour ma part, j'ai traduit et publié son journal intime, car sa plume ne manquait pas de talent ni son esprit de vie intérieure. Sans être pieux ni croyant, il était curieux de toutes les religiosités ou mystiques exotiques ou sectaires, et c'était une curiosité fervente, ferveur pour une transcendance qui prenait chez lui le visage de la Beauté. Je devais retrouver un jour la même religion de la beauté chez le poète René Char.

Loin de toute ferveur, loin de mon cher village, en juin 1976, arriva le jour fatal de ma leçon inaugurale au Collège de France. Ces leçons ont traditionnellement un caractère programmatique. Bon nombre de curieux étaient venus m'entendre, je leur dis quelle était, selon moi, la bonne manière d'écrire l'histoire, je le fis avec aplomb et je fus applaudi. J'avais dû pour cela dominer une telle terreur qu'à la sortie de l'épreuve, devant le Collège, je perdis la tête un instant ; il fallut m'entraîner dans une pharmacie où un calmant me fut administré.

La vraie conséquence fut plus amère : à la suite de ma leçon inaugurale, Raymond Aron s'écarta de moi, m'écarta de lui, lança contre moi ses élèves lorsque je revins parler à son séminaire. Il n'avait pas tort, je m'étais conduit plus que grossièrement avec lui. Aron était celui qui avait chaudement applaudi à la sortie de mon premier livre, j'avais attentivement suivi son séminaire, il m'avait présenté au Collège de France et m'y avait fait recevoir. Or le programme anonyme que je venais d'exposer dans ma leçon inaugurale n'avait rien d'aronien. Pire encore, Aron n'y était ni salué, alors qu'il demeurait le grand philosophe de l'histoire, ni même remercié : son nom n'avait pas été prononcé. Ingratitude ou plus encore : il me manquait le sens le plus élémentaire des relations sociales. Au fond de moi-même, je me l'avouais.

En fait, c'était une conduite de fuite : je n'avais jamais imaginé qu'on pût être disciple. L'idée d'être « aronien » me semblait bizarre ou plutôt puérile, à la façon des identités que se donnent les enfants dans leurs jeux de rôles. Dans la réalité on n'est jamais rien, on est tout nu. Et puis Aron, en son séminaire, était un vrai patron, il venait d'un autre monde, il dirigeait un grand journal.

Pour mettre le comble à mon pas de clerc, un autre de mes nouveaux collègues, un personnage élégant, à la voie coupante et précise, faisant toujours face à tout et à quiconque, Michel Foucault, vieille connaissance d'École normale, allait devenir un grand ami. Je savais son énorme supériorité intellectuelle sur moi, elle me le rendait cher et même plus proche : je me rapprochais de lui pour mieux l'entendre. Devenir foucaldien ? Je ne suis pas de taille. En revanche, j'étais bientôt devenu son hôte, logé et même nourri quand je séjournais à Paris pour mes cours au Collège.

J'occupais une chambre d'amis et, lorsque Foucault tenait salon, l'hétéro que je suis était admis à ces soirées où il recevait

Rencontres du premier type

de jeunes amis qui partageaient ses goûts. Soirées égalitaires et policées, ponctuées par l'humour de leur hôte (mais jamais d'ironie entre proches), par des galanteries et par ses énormes rires, où se révélait un Foucault amical et loyal envers ceux qui étaient amicaux avec lui. Jamais de potins. On ne cancanait pas, on ne se moquait pas, on parlait des bizarreries d'autrui avec la sympathie admirative d'un naturaliste pour l'inventivité de la nature. En tête à tête, lui et moi parlions de nos vies respectives et, donc, du Collège parfois, de philosophie ou de politique, mais non de ses idées ni de ses livres.

Foucault était en contact avec la CFDT, n'avait pas voté Mitterrand en 1981, s'est étonné que je l'aie fait et, à sa mort, était en train d'écrire un livre contre le Parti socialiste, parce que, disait-il, ce parti, en réalité, n'avait jamais eu de politique. Foucault était un sceptique, je le répète, et ce mot ne peut choquer que si l'on oublie qu'un sceptique ne révoque en doute que les idées générales, mais qu'il ne doute pas des inférences en matière de faits et qu'il continue à jouer au trictrac, s'il aime le trictrac, comme disait Hume.

Un sceptique n'est pas inactif lorsqu'il sent en lui le désir, le besoin de l'être en telle ou telle occurrence : Foucault n'avait pas d'idées générales, n'était ni de droite ni de gauche, ne croyait pas plus à la « vérité » de l'ordre établi qu'à la Révolution et ne professait pas de doctrine politique ; en revanche, s'il se sentait indigné par les quartiers de haute sécurité dans les prisons françaises, par les asiles psychiatriques ou par le sort tragique des *boat people* qui fuyaient le Vietnam, il agissait, il

Et dans l'éternité je ne m'ennuierai pas

devenait très militant. Il a milité pour la légalisation de l'avortement. « Quand c'est insupportable, on ne supporte plus », disait-il pour expliquer ses interventions.

Mais il n'en tirait pas de doctrine : « N'utilisez pas la pensée pour donner à une pratique politique une valeur de vérité [1] », a écrit ce sceptique actif. Quand il était professeur à la très révolutionnaire Université de Vincennes, les gauchistes, ses proches, le trouvaient imprévisibles et déploraient ses foucades : tantôt il partageait une de leurs campagnes, tantôt il se récusait [2].

La philosophie de Foucault, son scepticisme [3], son relativisme ont pour point de départ un constat historique : le passé de l'humanité est un gigantesque cimetière de vérités mortes, d'attitudes et de normes changeantes, différentes d'une époque à l'autre, toujours dépassées à l'époque suivante. « La vie a abouti avec l'homme à un vivant qui est voué à errer et à se tromper sans fin [4] », sans jamais parvenir à une sienne « vérité ».

L'œuvre de Foucault est la description, l'explicitation, la mise au clair de ce qu'aux différentes époques de leur histoire

---

[1]. Foucault, *Dits et écrits, 1954-1988*, Paris, Gallimard, 1994, t. III, p. 135.

[2]. Comme me l'a raconté Jean-Claude Passeron, son collègue d'alors.

[3]. En 1984, année de sa mort, un intervieweur demanda à Foucault : « Dans la mesure où vous n'affirmez aucune vérité universelle, êtes-vous un sceptique ? – Absolument », répondit-il (*ibid.*, t. IV, p. 706).

[4]. *Ibid.*, t. IV, p. 110. Phrase décalquée de Heidegger, mais en en changeant le sens. Cf. mon *Foucault, op. cit.*, p. 110 (Le Livre de Poche, 2010, p. 122).

Rencontres du premier type

les hommes ont chaque fois pratiqué et cru vrai [1] en matière d'amour, de folie, de gouvernement, de punition, de médecine, etc. Pratiques et vérités différentes d'une époque à l'autre, sans que nous rendions toujours compte du changement : nous voyons les pratiques et vérités du passé d'une façon trop vague, nous pensons que l'amour c'est toujours l'amour, nous écrivons des livres sur « l'amour » à travers les siècles, nous croyons à des invariants historiques.

Foucault entreprend de remplacer ce vague, toujours pareil à lui-même, par l'explicitation de ce que chaque époque fit et pensa précisément. Comment en donner un exemple sans être trop long ? Peut-être les trois mots que je vais employer seront-ils, sinon clairs, du moins suggestifs par eux-mêmes : de la Grèce antique à notre époque, ce qu'on appelle amour ou sexualité a profondément changé, si on l'analyse plus finement, au lieu d'y voir un invariant historique. La sexualité aura été successivement le *plaisir* chez les païens, la *chair* pour les chrétiens, le *sexe* pour nous. Avec, chaque fois, des pratiques, des idées, des interdits différents. Et peut-être qu'une quatrième époque commence pour nous (je l'espère, pour ma part, car, tout sceptique et relativiste que je suis, je n'en ai pas moins mes options), l'époque du *genre*, faite du triomphe des revendications féministes, du recul du mariage

---

1. Les pratiques d'une certaine époque et l'idée que cette époque se faisait sur la vérité en la matière, Foucault avait pris le parti de les appeler « discours », en donnant ainsi à ce mot un sens technique très particulier et trompeur, car ce mot, chez lui, n'a rien à voir avec la linguistique.

au profit de l'union libre, du mariage homosexuel, de la fin de certains interdits.

Pour en revenir à l'Antiquité, j'essaierai plus loin de montrer que, pour les païens, en matière d'amour, tant homosexuel qu'hétérosexuel, on distinguait fortement le rôle actif et les rôles passifs dans le plaisir ; et on avait décidé comment le plaisir et les rôles dans le plaisir devaient être distribués entre des catégories sociales inégales. Quant aux divers péchés de chair, on ne les connaissait pas encore ; en revanche, les moralistes sévères enseignaient qu'un être viril devait savoir résister à l'attrait du plaisir.

Bizarre, n'est-ce pas ? Le sexe, l'amour à travers les siècles, nous nous imaginions savoir ce que c'était : une chose humaine, banale, familière. Mais quand, avec Foucault, nous serrons de plus près le relevé que nous en faisions, apparaît à sa place un objet lacunaire et déchiqueté, dont les contours biscornus ne correspondent à rien de sensé et ne remplissent plus l'ample et noble drapé dont il était revêtu auparavant. Cet objet bizarre fait penser, non à des frontières naturelles, mais plutôt aux frontières historiques des nations, tracées en zigzag par les hasards du temps [1].

Un autre exemple sera-t-il de trop ? Ce sera ce que Foucault appelait le bio-pouvoir. Considérons ce qu'était le pouvoir d'un souverain européen il y a six ou sept siècles et ce qu'il est

---

[1]. Je reprends quelques phrases de mon petit livre, *Foucault, sa pensée, sa personne (op. cit.)*.

Rencontres du premier type

devenu [1]. Autrefois, le souverain était le maître d'un territoire et du troupeau humain qui vivait sur ce territoire ; c'étaient ses bêtes, son bétail, il avait le droit de battre ou de tuer ceux qui s'en prenaient aux autres bêtes et semaient le désordre dans le troupeau ; il avait mis à part et dressé d'une manière particulière quelques animaux chargés de le défendre contre les souverains ses rivaux : c'était son « armée ». Mais son droit le plus précieux était celui de prélever un « impôt » sur ses bêtes, de même qu'on tond les moutons et qu'on trait les vaches. Droit de vie et de mort, droit de prélèvement. Quant aux bêtes elles-mêmes, elles vivaient comme elles pouvaient.

De nos jours, les choses ont bien changé. Le pouvoir du souverain actuel s'exerce sur toute l'existence de ses bêtes ; il les dénombre, se soucie de la natalité, veille sur leur santé, les instruit, les dresse, s'occupe de leur habitat, de leur niveau de vie ; écoles, collèges, casernes. « Les guerres ne se font plus au nom du souverain qu'il faut défendre, elles se font au nom de l'existence de tous ; on dresse des populations entières à s'entretuer réciproquement au nom de la nécessité pour elles de vivre. » D'où la bombe atomique : « Le pouvoir d'exposer une population à une mort générale est l'envers du pouvoir de garantir à une autre son maintien dans l'existence. »

Oui, l'homme n'a rien de tout naturel ni de souverain, ce n'est pas un sujet absolu, maître potentiel de vérité. À chaque

---

[1]. Foucault, *Histoire de la sexualité*, t. I, *La Volonté de savoir*, Paris, Gallimard, 1976, p. 177-193.

époque il est le prisonnier et la dupe de ses vérités du moment, il ne peut les contourner pour voir plus loin, jusqu'à ce que le temps lui impose d'autres vérités qui lui seront non moins incontournables. Sans doute y a-t-il à dire sur l'homme d'autres choses que ce qu'en dit Foucault ; un poète s'en chargera dans quelques pages, mais ce qu'il nous dira ne contredira pas ce que notre relativiste vient de nous dire.

Quoi qu'il en soit, en cette année 2014 qui est le trentième anniversaire de la mort de Foucault, je crois percevoir, avec une joie naïve, que son œuvre est de celles qui sont destinées à survivre à leur auteur. Si c'est vrai, c'est dû autant à la richesse d'idées justes et profondes qui foisonnent dans son œuvre abondante qu'à la fermeté de sa philosophie relativiste.

Quant à ma modeste personne, en ces mêmes années où Foucault et moi étions devenus amis, je me remariais et quittais Aix pour aller vivre chez ma femme, au pied du mont Ventoux, où elle était médecin. Ce choix amoureux m'avait ainsi amené à trente kilomètres de L'Isle-sur-la-Sorgue, où s'était retiré mon poète et héros de toujours, René Char.

J'obtiens de lui un entretien dans sa maison de campagne, au lieu-dit Les Busclats. Il me présenta à Anne Reinbolt dont la beauté me frappa : « Anne, ma compagne depuis vingt ans. » Une deuxième entrevue suivit, puis ces entretiens du mercredi se répétèrent régulièrement au fil des ans, car il avait bientôt été entendu qu'ils donneraient lieu à un livre que j'écrirais sur lui. Le sort a voulu que je ne l'écrive qu'après sa mort, en 1988, en toute liberté [1].

Char : un visage buriné, un accent provençal à couper au couteau, une conversation raffinée, un vocabulaire choisi, beaucoup de politesse et un léger parfum d'eau de toilette que l'on percevait par bouffées. Ce colosse colérique et conquérant, aux yeux méditatifs et bons, parlait d'égal à égal aux petits comme aux grands, ne pontifiait pas, était éperdument généreux, violemment sympathique et à peu près invivable.

C'était un charmeur accueillant, qui n'en mettait que mieux à la porte un antisémite, en le menaçant d'un des gourdins qu'il avait toujours à portée de la main. Avec un proche, il pouvait piquer une colère de deux heures, en une tirade impeccablement rédigée, sans un mot d'insulte, sans un éclat de voix, et aussi hermétique que ses poèmes. La colère, jamais l'ironie ni la méchanceté. Après quoi la paix était faite.

Oui, j'ai connu cela... Ma méthode, avec lui, était de savoir par cœur un de ses poèmes (mon impitoyable mémoire poétique me servait), de le lui réciter et de lui en dire quelques mots, pour voir sa réaction. Je lui récitais un jour *J'habite une douleur*, mais sans bien comprendre ce qu'étaient ces « lavandes noires » au-dessus desquelles le poète croyait « voir passer la beauté ». Il s'ensuivit une colère d'une heure ou deux, au déroulement maîtrisé et calmement implacable.

---

[1]. *René Char en ses poèmes*, Paris, Gallimard, 1995. Les pages qui suivent reprennent un portrait de René Char que j'ai publié dans *Le Monde* en juillet 1990.

Et dans l'éternité je ne m'ennuierai pas

J'appris, pour finir, que les lavandes non fauchées noircissaient pendant l'hiver et qu'elles étaient les projets de poèmes que Char n'avait pu mener à terme ; ce fut le point d'orgue. Mais moi, j'étais heureux : je n'avais pas perdu ma journée de travail.

Le même Char faisait ensuite la cour à une dame, en phrases si angéliques que la convoitée en restait éperdue, même quand l'épaisseur physique du personnage lui ôtait le courage de succomber. Il faisait rire de complicité une jolie fille de passage tout en lui serrant déjà l'avant-bras. Puis, avec un confident, il passait aux transes du remords, aux larmes du mal-aimé ou au soudain ravissement solitaire d'un commencement d'extase (j'en ai été une fois le témoin). Mais toujours avec une sorte de dignité épique.

Il avait l'anticonformisme d'un ancien surréaliste et l'égocentrisme de tant d'artistes, mais cela va de soi. Il pouvait aussi tout partager avec un ami, maîtresses y compris ; ainsi avec Nicolas de Staël. Il émanait de lui une vertu de force, une puissance morale et verbale dont je n'ai jamais trouvé l'équivalent, n'ayant jamais vu de Gaulle (aussi bien ses ennemis et les envieux le surnommaient-ils « le général de Gaulle de la poésie »). De cette magnanimité et de sa perpétuelle identité à lui-même (son ton de voix ne changeait en aucune circonstance) montait une majesté royale qui lui était si naturelle que ses interlocuteurs n'en prenaient pas toujours conscience.

Ce sanguin lent était un émotif. Il avait, d'un côté, ses remords, ses haines et ses rancunes, ses emballements suivis de réactions de rejet, ses pulsions meurtrières parfois, ses faiblesses humaines ; de l'autre, le sentiment étonné et accablé d'une espèce de sacerdoce. Ce qu'il appelait son singulier et son pluriel. Un homme reste un homme, disait-il, et n'est poète que par éclairs, dans une solitude sans témoins.

Car il n'avait rien d'un chimérique : il était diaboliquement pénétrant, malin comme un singe, et avait le jugement bon pour les choses médiocres ; c'était un esprit braconnier, avec un énorme réalisme de terroir et des yeux scrutateurs. Une solitude d'artiste et de misanthrope, mais une commisération agissante et fraternelle pour les faibles, les malheureux, les victimes-nées. Un de ses ressorts les plus puissants était l'horreur de la cruauté.

C'était un homme bon et violent dont le baromètre indiquait fort souvent tempête. Pendant la guerre, il était resté imperturbable au milieu des dangers. Mais, lorsque son existence devenait plate, il s'arrangeait pour faire un drame de la moindre de ses journées : querelles homériques avec les édiles de la ville voisine, écrasement d'Etiemble au marteau-pilon.

Le plus amusant était que ce grizzli avait avalé un rossignol. Outre son amour de la nature, il ne rêvait que d'harmonie, de douceur, de grâce, bacchanales de Poussin, musiques de Mozart. Il se mettait subitement, au cours d'un coup de téléphone, à parler comme en rêve et, oubliant l'interlocuteur, à dire d'insaisissables choses suaves en cette langue hermétique dont il était le seul locuteur.

Et dans l'éternité je ne m'ennuierai pas

Ses confidences se faisaient parfois plus intimes. Un jour, dans le jardin, pris d'une subite inspiration, il me dit que la matière était pensante et que lui-même portait en son corps des fragments d'un antique organe invisible, aujourd'hui déchiqueté, qui émigraient à travers les marées de l'Éternel Retour. C'était un amoureux de la Beauté, qu'il considérait parfois comme une véritable déesse, qu'il tutoyait ou voussoyait selon les occasions, mais dont il n'avait jamais entrevu que le profil ou l'éclat trop furtif des yeux. Après ma mort, écrivait-il, serai-je enfin avec celle que j'aime ? Tels ont été les deux pôles de sa vie, « l'angoisse qui nous évide » et « l'amante en notre cœur ».

J'avais rédigé un article que j'avais intitulé *René Char et l'expérience de l'extase* et que je rêvais de publier dans *La Nouvelle Revue française*. Je commençai par lui donner mon manuscrit à lire. Il le parcourait, assis à son bureau, j'étais assis en face de lui et mes yeux se portaient alternativement sur la tête qu'il faisait et sur le porte-parapluie où se dressaient ses gourdins. Quand il eut terminé sa lecture, « Je déconne ou quoi ? » lui demandai-je. Il fit « non » en secouant la tête et m'accorda ainsi l'imprimatur. Trois ans avant sa mort, il m'écrivait que, Diable merci, l'âge ne lui avait pas ravi la jouissance de l'extase [1].

Il y a maintenant un quart de siècle de cela, et près de soixante-dix ans depuis qu'adolescent j'ai eu un coup de foudre

---

[1]. Cette lettre est aujourd'hui aux mains de Marie-Claude Char. C'est la seule lettre importante que j'aie reçue de lui.

Rencontres du premier type

pour la poésie de Char. Avant de rédiger les présentes pages, j'ai rouvert le volume de la Pléiade qui réunit ses œuvres. Je ne l'avais plus ouvert depuis bien longtemps et l'évidence est revenue comme au premier jour : René Char est un des grands poètes du XXe siècle.

Les derniers mois de sa vie, je l'avais vu très amoureux. Le nom de la bien-aimée et le secret des rendez-vous m'avaient été confiés, dans le débordement de sa passion. J'appris donc sans surprise, peu après, son mariage secret : mes yeux ont vu un René Char la bague au doigt.

Mariage d'amour, mais également de raison, car le grizzli avait avalé aussi un renard ; or il avait senti qu'après sa mort il aurait, en son élue, le meilleur défenseur et illustrateur de son œuvre. L'élue était collaboratrice de Pierre Nora chez Gallimard et ne manquait pas de relations utiles dans le monde ministériel et même présidentiel. C'est ainsi qu'à Paris, en plein sixième arrondissement, il y a aujourd'hui une place René-Char... Car Marie-Claude Char était aussi efficace que dévouée au souvenir de son mari et a déployé son activité de Paris en province et jusqu'en Argentine. Lorsque je la verrai de mes yeux, deux ans plus tard, je serai frappé de sa ressemblance avec la grande et belle *Immacolata* de Bernardo Cavallino.

Mes relations avec Marie-Claude Char avaient commencé deux ans après la disparition du poète ; je lui avais soumis le gros manuscrit d'un livre que je venais d'écrire sur Char en seulement six mois, dans une sorte d'enthousiasme, avec le sentiment d'une descente à skis ; à vrai dire, c'était le fruit de plusieurs années de rencontres hebdomadaires et de réflexions subséquentes. Or Marie-Claude Char ne fit pas une seule objection à mes six cents pages, ne me demanda aucune correction, aucune suppression, aucune addition.

Dès lors, j'étais à ses ordres – et ce fut l'aventure. Car Marie-Claude venait de former un petit groupe théâtral qui présentait aux spectateurs la lecture publique de quelques poèmes de René Char. Pareilles lectures, devenues usuelles aujourd'hui, étaient alors une innovation. Le groupe comprenait quatre personnes : la talentueuse comédienne Dominique Blanc, Michel Piccoli en personne, Marie-Claude elle-même, qui était chef de la troupe, et moi, dis-je bien, moi-même. Il me fallut donc monter sur les planches et devenir baladin, sort inusuel pour un professeur au Collège de France.

Pendant plusieurs années, notre quatuor s'est produit ainsi en France, de Paris à Marseille et Nice, en Allemagne, en Hollande et jusqu'à Brasilia, où nous avons joué devant le président Cardoso en personne et où nous voyagions dans un avion privé, mis à notre disposition par un riche mécène brésilien, admirateur de Piccoli. Tout cela finit par un petit triomphe, à Paris même, aux Bouffes du Nord.

Le rôle que j'avais à jouer, le contenu de mes interventions et leur fréquence étaient souverainement décidés par Piccoli. J'entrais en scène le premier, tout seul, et j'annonçais aux spectateurs ce qui les attendait ; puis je revenais sur les planches entre deux lectures de poèmes, aux côtés de Dominique et de Michel, et je faisais chaque fois un petit numéro de mon cru sur René Char et sur son œuvre. Grâce aux conseils que Michel ne m'épargnait pas, j'étais applaudi et j'en suis fier, encore aujourd'hui, en raison de l'étrangeté de cette aventure.

Je fis à cette occasion la connaissance du monde de la scène. Dominique Blanc, qui s'était produite au cinéma, puis avait été remarquée dans *Peer Gynt*, venait de triompher dans le rôle-titre de la *Phèdre* racinienne, admirablement mise en scène par Patrice Chéreau ; aujourd'hui encore mes amis, ma femme et moi ne sommes jamais las d'en revoir le film.

Quant à Piccoli, dont il y aurait trop à dire, si j'en étais capable, il me fit découvrir que Simmel dit vrai : un comédien n'est pas un « interprète », mais un créateur. Et son talent – par exemple celui de Piccoli ou de Dominique Blanc – se mesure au nombre de rôles qu'il est capable de créer, rôles tous différents entre eux et différents de sa nature personnelle. De même, un sculpteur ou un peintre n'est pas l'« interprète » de son modèle ou du paysage.

Dans une interview à la radio, Piccoli déclara un jour qu'il me tenait pour un grand ami, ce qui m'a comblé. Mais cette expérience émouvante et enrichissante m'a coûté cher, en émotivité, en trac. On m'a dit un jour : « Cela n'a pas dû être difficile pour vous de monter sur les planches : comme enseignant, vous avez l'habitude de parler en public. » Quelle erreur ! Devant ses étudiants, un prof ne joue que sa réputation professionnelle ; devant son public, un comédien s'incarne, il joue sa propre peau.

Je crois me voir encore, avant le lever de rideau, seul dans la pénombre de la coulisse, attendant, mort de trac, le signal d'entrer en scène. Le signal est donné. « Déjà ! », n'ai-je jamais pu m'empêcher de répéter chaque fois. Rideau levé, grande lumière de la scène et... disparition instantanée du trac : c'est comme un conquérant que je pénètre sur la scène, les armes à la main, résolu à conquérir un public que, du reste, je ne vois pas : un imaginaire rideau opaque le dérobe à ma vue... si ce n'est que, quand deux spectateurs échangent entre eux quelque remarque désobligeante sur mon compte, un trou s'ouvre aussitôt dans le rideau à leur endroit et, par ce trou, je ne distingue que trop bien leurs deux visages ironiques.

XIV.

Ravissements

Au commencement du nouveau millénaire, il nous advint, à ma compagne Françoise et à moi, un bonheur que, pour ma part, je n'avais plus connu depuis ma retraite de professeur au Collège : nous avions maintenant un ami et une amie. Celle-ci était la puissante et aimable polytechnicienne dont le lecteur se souvient peut-être, Dominique Senequier. Grâce à elle, j'ai fait la connaissance de notre second ami, Philippe Rein, aussi simple, courtois et cultivé qu'elle-même ; leur règle commune, qui est aussi la mienne, était de parler d'égal à égal à tout le monde. On sentait que cette simplicité égalitaire provenait à la fois de leurs principes moraux et de leur naturel.

Ce n'étaient pas des importants, bien qu'ils fréquentassent des gens hauts placés, ministres ou autres, dont ils ne parlaient guère. Aussi bien Philippe était-il de gauche et me blâmait-il d'avoir voté Sarkozy. On sentait chez lui, qui est incroyant, une moralité exigeante, l'amour de la famille et la fierté de sa tradition juive et biblique, de même que je suis fier de mes ancêtres italiens.

Et dans l'éternité je ne m'ennuierai pas

Tous deux, ils s'y connaissaient fort bien en peinture ancienne et en musique classique. Lorsque leurs obligations leur laissaient quelque loisir, ils allaient à Bayreuth, à Salzbourg ou à Venise. Ils nous ont invités à partager un séjour culturel à Venise, sur le Grand Canal, dans un appartement [1] loué dans un *palazzo*. À l'arrivée, Françoise et moi avons fait la connaissance de leurs autres invités, un vieux couple aimant et aimable, l'écrivain d'art Pierre Schneider [2] et sa femme surnommée Coco, très vive, non moins cultivée et passionnée que son mari.

Françoise et moi ne nous étions jamais trouvés dans une société aussi raffinée. À midi, nous allions quelquefois déjeuner sur les Zattere, mais nous dînions chez nous, car au restaurant, le soir, on risque de se retrouver avec des mondains. Ma suggestion d'aller au Harry's Bar fut déclinée doucement, mais fermement ; c'était pour moi un lieu historique (Hemingway y a bu !), mais j'ignorais que c'était devenu l'endroit le plus snob de Venise. À notre table, lieu de repos sans solen-

---

1. Un autre occupant périodique du même appartement a un nom qui m'est cher, Jean d'Ormesson, qui, ignorant ordinateur et stylographe et trempant sa plume dans l'encrier, a prudemment entassé en ce lieu un petit stock de bouteilles d'encre que nous avons pu admirer ; de ces bouteilles hexagonales qu'enfants nous trimballions chaque matin à l'école dans notre cartable, lorsque le maître était de ceux qui interdisaient en classe l'usage du stylo, cet ennemi de l'éducation calligraphique.

2. Auteur d'un *Matisse* resté classique, d'un *Poussin*, d'un *Hardouin-Mansart*, etc., ami des peintres et organisateur d'expositions Giacometti et Chagall. Hélas, Pierre Schneider vient de mourir. L'active Coco, malgré son chagrin, rassemble pour publication les nombreux écrits dispersés de son mari.

nité, les conversations doctes n'étaient pas de mise, sauf une brève tirade à la gloire du théâtre romantique allemand qui m'échappa un soir ; mais elle plut à Coco et à Pierre Schneider, qui avait du sang allemand dans les veines.

Grâce à des connaissances qu'il avait à la Conservation des monuments vénitiens, Philippe nous organisa une visite privée du Palais des Doges, après l'heure de fermeture ; Dominique fit de même pour Saint-Marc, grâce à... ses relations d'affaires avec la Banque vaticane. Et Pierre Schneider, grand connaisseur de Venise, et auteur avec Philippe Piguet d'un *Monet et Venise*, nous fit admirer la façade de je ne sais plus quelle église et l'angle qu'elle faisait avec le palais voisin.

J'ai gardé le plus beau pour la fin de cet avant-dernier chapitre : comment, devenu sexagénaire, j'ai vécu les cinq minutes les plus intenses et les plus heureuses de ma vie ; ma compagne les a vécues comme moi et avec moi ; elle a lu le présent témoignage et y souscrit sans réserve. Ce récit ne fera pas double emploi avec ce qu'on a lu plus haut sur les états extatiques, car on va voir que l'extase, immobile et sereine, est aux antipodes de la transe avec laquelle on la confond souvent et où des possédés se déchaînent ; et surtout, quelle peut être sa félicité.

Puisque je me propose d'être aussi véridique et exact qu'un constat médical, il me faut abdiquer toute pudeur un bref instant : la scène se déroule sur un lit où reposent tendrement, côte à côte, deux amants qui venaient de s'aimer passionnément. Tout à coup, sur un geste tendre, je sens se produire dans mon être un processus inconnu, une sorte de « passage en surmultipliée » de mon esprit ; mes membres m'abandonnent, figés, oubliés, et je suis subitement *ravi* dans un rêve éveillé où je conservais tout mon bon sens. Le ravissement avait effacé la réalité, mais j'en étais conscient.

Lucide et calme (j'avais compris ce qui m'arrivait et je n'avais aucune crainte), je me retrouve, non dans notre chambre, mais dans un espace que je savais onirique, un espace non structuré et vide que limitait seulement, à dix pas de moi, une sorte de paroi qui paraissait molle et comme matelassée. Quant à la chambre et à mon propre corps, ils avaient disparu de mes regards. J'en étais conscient, mais je ne pensais à rien, je ne pensais rien. Cependant je n'ignorais pas que la même aventure était advenue à ma compagne : mes yeux ne la voyaient plus, mais je la savais étendue à mes côtés et pareillement *ravie*. Comment l'avais-je appris ? L'aurais-je entrevu un instant sur son visage ? Je crois plutôt que, dans mon ravissement amoureux, il allait de soi qu'elle et moi ne faisions qu'un.

Il y avait plus merveilleux encore : nous nous trouvions tous deux en train de baigner dans un état de bonheur, de félicité jamais connu de nous en ce monde, inégalé, insurpassable et qui n'avait rien d'un enthousiasme vague : il était si puissant qu'il en était bien défini. Voici qui en dira quelque chose : certains mystiques chrétiens ont écrit que Dieu envoie à ses élus, quand ils sont ravis, un avant-goût de la félicité du Paradis. Ma compagne partageait la même félicité paradisiaque, je le savais et elle-même le savait de moi.

Sans faire aucun mouvement, sans un geste, je tâtai, du bout d'un de mes doigts, la paroi matelassée qui m'apparaissait à dix pas de moi. Mon bout de doigt sans main ni bras l'atteignait et y pénétrait sans aucune difficulté. Je prononçai alors à haute voix, à l'adresse de ma compagne, la première des trois seules phrases que nous avons échangées en cette affaire : « C'est du coton », dis-je, parlant de la muraille. Ce qui signifiait peut-être « tout est accueillant, il n'existe plus de barrière ».

Elle m'a répondu aussitôt : « C'est de la ouate ». Elle ne qualifiait pas ainsi la muraille, qui ne lui était pas apparue, mais (comme elle me l'a raconté ensuite) l'espèce de molle nuée au sein de laquelle elle reposait. Ce qui signifiait sans doute « son amour m'enveloppe ». Comme j'avais toute ma tête, je le répète, et qu'un prof reste prof en toutes circonstances, je me suis demandé un instant si l'on devait prononcer « la ouate » ou « l'ouate » et je me disais qu'il faudrait vérifier dans le Littré.

Au bout de quelques minutes, hélas, le ravissement prend fin, nous revenons tous deux à la réalité et je reste muet, tandis que ma compagne déclare : « On renoncerait sans hésitation à tous les plaisirs de l'amour si on pouvait obtenir un pareil bonheur à volonté [1]. » Cette phrase mémorable fut la

---

[1]. Il est impossible de l'obtenir à volonté. Il y faut une imagination passion-

troisième et dernière. J'étais tout à fait d'accord avec celle-ci. Songe pourtant, ô lecteur, que dix minutes plus tôt nous avions goûté des élans amoureux dans les bras l'un de l'autre. Et cependant ni ma compagne ni moi n'avons eu le sentiment que cette phrase était un reniement, qu'elle blasphémait notre amour : elle ne faisait que dire l'évidence.

Et puis il ne se passa plus rien de mémorable. Cela s'est déroulé il y a un peu plus de vingt ans, avec celle qui est ma compagne depuis un quart de siècle et qui veut bien le demeurer. Avant de rédiger ce constat, elle et moi avons confronté nos souvenirs.

Le lecteur le savait déjà, les états extatiques sont d'exceptionnelles poussées de l'imagination, dont on n'est pas dupe. Ce qu'on « voit » ou ce qu'on « touche [1] » dans ces états calmes n'est pas une hallucination à laquelle on croirait ; lorsque la grande, la géniale sainte Thérèse d'Avila « voyait » la Trinité dans ses extases, elle ne prétendait nullement avoir bénéficié d'une apparition comme à Lourdes. Et je soupçonne les apparitions de Lourdes d'avoir été les visions extatiques d'une fillette pieuse et illettrée. Car, si l'on a une extase en

---

née. Il est de mon devoir civique de dire qu'aucun stupéfiant, aucune drogue ne procure l'extase et sa félicité. On le sait depuis les années 1900, où William James, comme psychologue, et le jeune Bergson s'intéressaient aux états extatiques. Par ailleurs, la phrase de Françoise montre bien qu'elle était persuadée que j'avais vécu la même expérience de ravissement et de félicité qu'elle-même, comme j'en étais moi-même persuadé de mon côté à son sujet.

1. Plotin, au cours d'une des trois extases qu'il a vécues, a eu un « contact » (*haphê*) avec l'Un (*Ennéades*, V, 10). Voir Pierre Hadot, *Plotin, Traité 38*, Paris, Éditions du Cerf, 1988, p. 174 et 182.

pensant à la Vierge Marie, à l'Un du grand Plotin (ou à l'Être ou au fatalisme de l'*Ereignis* de Heidegger), c'est qu'on y croit et non parce qu'ils existent et nous apparaissent.

L'extase, pendant les siècles de foi, fut une expérience presque banale. De nos jours, elle est moins rare qu'on ne croirait ; Claude Roy en parle à mainte reprise dans ses *Journaux* [1] et m'en parlait quelquefois ; et René Char [2], et Georges Bataille... Mais on se garde plus souvent de le dire, par jouissance pudique, ou de peur de passer pour un peu fou, ou parce qu'on ne comprend pas ce qui vous est arrivé. Un visiteur que je ne nommerai pas m'a raconté en termes vifs son ravissement extatique devant un des plus beaux paysages du Comtat Venaissin, les Dentelles de Montmirail [3].

Un dernier mot : à mon humble avis, il arrive, plus souvent qu'on ne pense, qu'une extase non reconnue se produise au cours du sommeil, dans un de ces rêves qu'on fait parfois, rêves qui ne sont pas comme les autres, qui sont d'une étrange puissance et qui, à son réveil, laissent le dormeur dans l'étonnement. Nombreux sont ceux qui m'en ont parlé, dont mon propre père. « Oui, j'ai fait un pareil rêve deux fois, trois fois

---

1. Claude Roy, *Moi je*, Paris, Gallimard, 1969, p. 66-74 ; *Nous*, Folio, 1972, p. 8 ; *Temps variable avec éclaircies*, 1985, p. 99 : « Je n'ai pas besoin de croire en Dieu. Je le rencontre parfois. Ce qu'ils nomment Dieu » ; *Permis de séjour, 1977-1982*, 1983, p. 64-65 ; *Les Chercheurs de dieux*, 1981, p. 41 et 286, etc.

2. Cf. mon *René Char en ses poèmes*, Paris, Gallimard, 1990, chap. IX, « La nuit et l'extase ».

3. Cf. l'extase de Rousseau devant la nature, dans ses *Lettres à M. de Malesherbes* (*Confessions, autres textes autobiographiques*, Paris, Gallimard, « Bibliothèque de la Pléiade », p. 1141).

Et dans l'éternité je ne m'ennuierai pas

dans ma vie ; oui, cela m'est arrivé une fois », ai-je entendu dire autour de moi.

La veille d'une course en montagne qui était pour moi une grande aventure, j'avais eu ainsi un début d'extase qui m'a réveillé... et qui m'a coupé les jambes pour le lendemain.

XV.

Le vouvoiement de l'aimée

Me voici maintenant à la fin de mon âge, comme on disait jadis. J'ai quatre-vingt-quatre ans, je marche désormais sur trois pattes et non plus sur deux, et j'ai renoncé à cette lecture des *Ennéades* de Plotin que je m'étais promise : ce penseur et son grec sont trop difficiles ; à la place, je viens de relire la *Divine Comédie* pour la cinquième fois depuis ma jeunesse. Je ne me mêle plus d'histoire romaine, car, du fait de l'âge, j'en ai perdu presque tout souvenir. Oui, parfaitement. Cela me gêne quand je fais des mots croisés. « Empereur qui persécuta les chrétiens », en quatre lettres. Je crois me souvenir que c'est vers 250, mais le nom du persécuteur ne me revient pas.

De même, les vieux médecins ont oublié le savoir médical ; en revanche, ils ont gardé leurs réflexes professionnels. J'ai pareillement conservé toutes les langues, vivantes ou mortes, car les langues ne sont pas des souvenirs, mais des habitudes, comme de monter à bicyclette, chose qui ne s'oublie pas. Ce qui justifie la distinction entre la mémoire et l'habitude qu'établit *Matière et mémoire*.

Et dans l'éternité je ne m'ennuierai pas

> Quand je fais comparoir les défuntes années
> Au tribunal muet des songes recueillis,

comme dit Shakespeare, qu'entends-je ? J'ai eu une femme et un enfant, je ne les ai plus ; j'ai su des choses, je les ai oubliées. Risquons le ridicule de faire un bilan de presque un siècle de vie. Avec le nazisme, j'ai entrevu le chapitre le plus épouvantable des cinquante siècles d'histoire dont quelque souvenir est parvenu jusqu'à nous. J'ai commencé à assister, en matière sexuelle et familiale, à une mutation de taille anthropologique ; autre mutation lourde de conséquences, l'allongement de la durée de vie. J'ai vu les débuts de la fin de l'illettrisme dans toute l'espèce humaine et la diffusion de l'informatique. J'ai vu aussi les commencements de l'égalité entre tous les troupeaux humains et ceux de l'égalité des sexes, je l'espère du moins. Et le début d'un changement climatique. Je n'ose imaginer ce qui peut sortir de la biologie moléculaire, de la modification génétique des organismes et de la gestation artificielle, que ce soit bon ou mauvais.

Dans ce dernier chapitre, où je change tout à fait de sujet et de méthode, je vais raconter ce que fut ma vie intime et celle de deux autres personnes pendant le dernier tiers de ma vie, de 1980 à aujourd'hui. Ce fut un « ménage à trois », mais aussi un mariage blanc et un drame de la « perversion » (cf. Jean Genet), du sida, d'une obsession suicidaire et de la dépression. Outre une euthanasie dont j'ai été complice.

Le vouvoiement de l'aimée

Estelle, alors quadragénaire, et moi, quinquagénaire, vivions ensemble depuis trois ans ; mon mariage avec cette forte personnalité originale était une réussite et je pensais qu'une fin de vie heureuse nous attendait tous deux. Nous habitions au pied du mont Ventoux, où Estelle était médecin. Elle avait un fils, Stéphane, né d'un premier mariage malheureux, et ce fils venait de partir pour Paris où il voulait faire, disait-il, des études de théâtre. Il était beau et séduisant, avait la beauté du diable, ne laissait personne indifférent ; il suscitait tantôt un malaise immédiat, tantôt un vif intérêt ; il a inspiré une vive amitié à une de ses cousines qui est un des caractères les plus élevés que je connaisse. Il aimait et sentait la musique et les beaux-arts, il dessinait, il jouait de plus d'un instrument.

Or, un jour de la même année 1983, Estelle, devant témoin, apprend, de la bouche même de son fils, avec les détails les plus crus, que ce fils, délibérément (il était hétéro), s'était engagé comme prostitué homo dans un « sauna » à Paris.

C'était par « perversion », en un sens technique de ce mot, que Stéphane en personne employait en me parlant de lui-même. Celui qui se souille ainsi le fait pour souiller par là un monde hostile, pour défier la censure maternelle et, avant tout, pour châtier son père qui l'avait abandonné ; si on lit le poème pathétique (nous l'avons publié) qu'il a écrit sur ce père, on a tout compris. Stéphane n'était pas homosexuel (ce qui n'aurait eu, certes, rien de déshonorant) ; il l'avait largement prouvé pendant un séjour en Afrique et, dans ses poèmes et journaux intimes, dont Estelle m'a fait éditer un choix, il n'est questions que des appâts et avantages féminins.

Il m'avait pris pour confident et il était clair que, chez lui, la « mauvaise vie » était un choix délibéré ; « une étape me manque encore, la prison », me confiera-t-il plus tard, en un temps où la gendarmerie le recherchait pour désertion (et pistait aussi Estelle au cours de ses visites médicales, car on la soupçonnait faussement de cacher son fils, dont nous avions perdu la trace).

Avec son flair divinatoire, Estelle avait tout compris depuis longtemps et, désespérée, avait senti son impuissance d'éducatrice envers un adolescent déjà décidé à rompre avec les normes. Stéphane grandit dans un total laisser-faire. Il tenait néanmoins sa mère pour l'incarnation de la norme et de la répression ; il fut stupéfait quand il apprit de moi qu'elle avait eu des amants.

Estelle, en revanche, ne fut pas surprise outre mesure de l'étrange initiative de son fils, car, quelque incroyable que cela paraisse, elle s'y attendait[1]. Mais, désormais, elle ne pensera plus qu'à cela. Elle aimait son fils d'un amour déchiré et d'autant plus violent et dévoué. Son désespoir fut suicidaire : il y eut une nuit terrible où elle m'avait impérativement interdit sa

---

[1]. Croirait-on qu'avec le flair divinatoire qui était le sien Estelle avait prévu qu'il se prostituerait ? Des propos d'elle que, par étonnement, j'avais relevés par écrit et datés, plusieurs mois avant les choses, le prouvent formellement. Quant au fils, lorsque, après les choses, je le revis à Paris, il me dit : « On m'en veut parce qu'elle a voulu se suicider, mais, puisqu'elle a fait ça, c'est qu'elle est folle et moi je n'y suis pour rien. »

chambre, pour être libre de faire ce qu'elle voulait, disait-elle, et où je me demandais, sans en croire mes yeux, si, le matin, je la retrouverais vivante. Le lendemain, je lui fis d'autorité prendre du lithium, ce qui mit fin à cette crise. À d'autres moments, Estelle se déchaînait en bouffonneries grinçantes. Quant à moi, j'avais compris que c'en était fini de notre bonheur.

En ce même hiver 1983, elle s'enfuit un soir de la villa isolée que nous habitions, au pied du mont Ventoux, pour aller se tuer dans les bois ; il m'a fallu la plaquer comme au rugby, pour la dépouiller de ses boîtes de poison et des indispensables bouteilles d'eau. Ses tentatives de suicide n'étaient nullement des simulacres de suicide : un pur hasard lui sauvera une fois la vie, comme on va le voir bientôt ; une seconde fois, elle était déjà dans le coma quand je l'ai retrouvée... par divination. En revanche, c'étaient des suicides de protestation contre le sort et ils ne devaient donc pas rester sans témoin. Aussi n'a-t-elle jamais entrepris de se tuer au cours d'une de mes absences : il fallait que son compagnon fût présent, non pour la sauver, mais pour qu'il ait vu de ses yeux ce à quoi le malheur l'avait contrainte. Elle me léguait ainsi le soin de maudire l'injustice de sa destinée.

Ayant donc appris de son fils qu'il se prostituait et sachant n'avoir aucune influence sur lui, Estelle, faute de mieux, lui augmente sa pension d'étudiant. Il s'en sert pour faire un voyage aux Antilles et continue à « travailler » dans son sauna. À cette nouvelle, Estelle me demande de l'emmener visiter l'Alsace. Le soir venu, au cours du dîner, elle m'administre à mon insu un somnifère puissant, cependant qu'elle-même avalait quatre boîtes de poison. Un pur hasard (j'avais garé notre camping-car en un lieu de stationnement non autorisé, ce que les gendarmes alsaciens ne tolérèrent pas) a fait tout découvrir à temps et a expédié Estelle à l'hôpital.

À partir du même jour fatal des révélations de Stéphane en 1983, mon mariage avec Estelle, brisée, est devenu blanc et (sauf durant un mois de l'année 1985, comme on verra) il l'est resté pendant vingt-huit ans, sur les trente et un qu'il allait durer. Sept ans après ce même jour de 1983, il devient, de mon fait, un ménage à trois, qui durera plus de vingt ans, jusqu'à la mort d'Estelle, le 28 mars 2011.

En ce domaine, n'existe-t-il que la morale prescrivant la fidélité conjugale ? Ne peut-il y avoir aussi des pactes aux clauses librement formulées, où chacun obtient un avantage et en sacrifie un autre ? La loi ou le contrat ? Entre nous trois, il y a eu un tel pacte tacite. Ce contrat ne laissait pas d'être pesant pour les deux parties, certes, mais laissons le moralisme : toute autre solution (la fidélité forcée, la séparation forcée) aurait été plus pesante et plus grisâtre.

Mais finissons-en avec Stéphane. Arrive pour lui le service militaire, il déserte, disparaît pendant des mois dans les bas-fonds de Paris où j'ai fini par le retrouver, est repris, mis en asile psychiatrique militaire, et est gracié sur intervention de Mme Mitterrand, à la prière d'un haut fonctionnaire qui, épris de son charme, désirait avoir avec lui une liaison durable, une union. Cet amoureux malheureux téléphonait nuitamment à

Le vouvoiement de l'aimée

Estelle en la suppliant, en vain, d'obtenir de son fils que ce fils adopte pour cela une conduite plus « cohérente » (c'était son mot) : ne plus se prostituer, cesser d'être dealer.

Le malheur est quelquefois auteur de mélodrame. En juillet 1985 éclate la plus heureuse et la plus inattendue des nouvelles : Stéphane, alors âgé de vingt-trois ans, venait de se présenter et de réussir au baccalauréat, qu'il avait préparé tout seul. Il voulait, nous disait-il, entrer dans une école de journalisme ; peut-être cherchait-il une couverture sociale. Nous y voyons le signe qu'il abandonnait la mauvaise vie, nous tombons dans les bras l'un de l'autre et nous partons pour un grand mois de bonheur en Grèce, pour de belles nuits à Épidaure. À notre retour, le soir du samedi 31 août, quand nous descendons de voiture, un message nous attendait : Stéphane était malade et hospitalisé. « Stéphane a le sida ! » hurle Estelle ; elle avait deviné. Au cours de la nuit, elle rêve qu'elle était devenue un tronc d'arbre qui pleurait.

Stéphane quitte l'hôpital et revient chez nous se faire soigner par sa mère (« quoi qu'on puisse penser de moi, c'est son devoir de me soigner, me dit-il ; en échange, la perversité, c'est fini »). Estelle décide aussitôt de faire chambre à part, voulant se réserver tout entière au soin de son fils, et abandonne son métier, son cabinet médical.

Stéphane devait mourir à petit feu pendant près de trois ans (1985-1987), libre de ses mouvements et attendant sa fin. À cette époque, le sida était une condamnation à mort à bref délai ; des remèdes ne seront découverts que plusieurs années plus tard. Stéphane fut soigné par sa mère avec un dévouement de chaque jour, que dis-je, de chaque minute. Estelle a donc partagé pendant trois ans la cellule d'un condamné à mort qui était son propre fils. Sans ces soins, il serait mort au bout de six mois d'une « infection opportuniste », comme c'était la règle à l'époque.

Pour une de ces infections, il fut hospitalisé et alité dans une ville voisine pendant trois mois : Estelle, ne le quittant pas un instant, alla partager sa chambre, nuit et jour, pendant ces trois mois, et sa vieille amie Françoise Mareschal, qui habitait la même ville, venait les visiter chaque jour.

Stéphane appréciait ma compagnie, quand je l'accompagnais à Paris où il allait revoir ses médecins. Huit mois avant sa mort, à sa demande, je l'ai mené voir Venise, guidé, accompagné partout (ah, cette visite à San Zanipolo, où il commentait un par un les monuments funéraires !).

Un soir d'hiver, après notre retour, Stéphane, désormais cloué au lit et las de mourir à petit feu, demande à sa mère du poison. Le droit au suicide allait de soi pour nous. Ah, ces vertueux qui condamnent le suicide dont l'idée leur fait peur [1] et qui disent qu'on se suicide par manque de courage !

Enfin bref, Estelle tend les boîtes de poison à son enfant. Je me lève et je sors sur la terrasse où une cousine de Stéphane,

---

[1]. De même, à Chamonix, pendant la saison d'alpinisme, on voit des touristes, dans le téléphérique, pousser des cris d'horreur, quand ils voient des grimpeurs agrippés à une paroi de neige ou de roc qui est ou semble vertigineuse, et s'écrier que ça devrait être interdit.

Le vouvoiement de l'aimée

la douce et forte Valérie (africaniste en ce temps-là), regardait monter la nuit. « Va-t'en tout de suite, lui dis-je, Stéphane est en train de se suicider et dans quelques minutes, ici, ce sera l'enfer. » Valérie se lève sans un mot, et, d'un pas calme, va tout droit dans la chambre de son cousin, qu'elle aimait beaucoup, et l'embrasse. Stéphane avale le poison (quatre boîtes entières d'un puissant somnifère, aujourd'hui interdit à la vente) ; je vois ses yeux converger, loucher, au moment où il avale. Un quart d'heure passe et Stéphane n'était même pas somnolent. Au bout d'une heure, il a fallu se rendre à l'évidence : le sida avait durci comme cuir la paroi de l'estomac (ce que nous savions déjà) et le poison n'était pas passé dans le corps.

Quelques mois plus tard, Stéphane, plongé dans le coma, est mort inconscient. Chose surprenante et suspecte, sa disparition ne donna lieu, chez sa mère, à aucune manifestation visible de deuil. Commencèrent ainsi dix années paradoxalement paisibles dont l'idée de refoulement est la seule clé concevable : ce furent dix années de tranquillité et de beaux voyages, souvent en compagnie de notre amie Françoise. Au cours du quart de siècle qui lui restait à vivre, Estelle n'a jamais prononcé le nom de son fils, sauf deux fois : un soir, après un silence, elle me dit inopinément : « Cette école de journalisme où il voulait s'inscrire à la fin, ce n'était pas sérieux », et un autre soir : « Je sais bien que je suis la mère d'un enfant anormal ».

En réalité, depuis la mort de son fils et tout ce qui avait précédé cette mort, la personnalité d'Estelle était perturbée en profondeur, d'où les tentatives de suicide. Et aussi, à partir de 1996, des épisodes colériques. Presque chaque mois la surface unie de notre existence était rompue, pendant quelques heures, par l'éruption d'une violente colère, dans les termes les plus bas, les plus crus ; colère disproportionnée ou, plus souvent, incompréhensible. Personne n'était épargné : telle ou telle vieille amie, moi-même pour un mot mal compris, une amie qui la priait de baisser le son de la télévision, un médecin qui se faisait trop attendre, un trajet de promenade trop long, une camarade qui était allée promener imprudemment la chienne sur la grand-route, un voisin qui arrosait bruyamment ses terres pendant la nuit, un cabaretier de Venise qui fermait trop tôt le soir, et j'en passe.

La brève éruption une fois terminée, tout redevenait comme avant, sans un mot d'explication, comme s'il ne s'était rien passé ; en fait, Estelle avait oublié cette colère qui était comme étrangère à sa personnalité. Par ailleurs, l'alcoolisme s'installe à demeure et devait être fatal.

Un soir de 1990, une nouvelle poussée de deuil suicidaire a envoyé Estelle, pour la première fois, en clinique psychiatrique et a failli mal finir. Ce soir-là, notre dîner aurait été pareil à tous les autres, si Estelle n'y était restée muette, morne, nullement hostile, mais absente, ignorant ma présence et celle de toutes choses. Elle se lève tout à coup, dit : « Je crois que c'est le moment », jette un regard circulaire sur le monde et sort en me disant : « Je vous interdis de me suivre. » Sa voiture disparaît au bout du chemin.

Le vouvoiement de l'aimée

Je me précipite dans la mienne, je fais le tour de ses quelques familiers, je bats la campagne, je vais à la gendarmerie qui ne s'émeut guère : « Vous vous êtes disputé avec votre dame. » Je perds trop de temps, quand une idée me vient : a-t-elle emporté de l'eau, indispensable pour ne pas vomir le poison ? Toutes les bouteilles étaient restées dans le réfrigérateur. « Moi, pour me suicider, me dis-je, j'irais dans la montagne, et puis, là-haut, il y a de l'eau. » En effet, je la retrouvai dans la nuit en plein Ventoux, près d'une des trois sources, dans le pinceau de mes phares. Son cœur battait encore.

Elle était en coma avancé selon le SAMU. Trois jours plus tard, quand je la revis à l'hôpital, ses premiers mots furent : « Je vous avais interdit de me suivre. » Sa mère, personne plus forte que fine, la pressa de divorcer, pensant qu'elle était mal mariée. « Si tu prononces encore une fois le mot de divorce, tu ne me reverras jamais », rétorqua-t-elle.

Durant les trois années d'agonie du fils d'Estelle, à chaque week-end sans exception, Françoise, amie d'Estelle depuis trente ans, depuis leurs communes études médicales, parcourait les cent cinquante kilomètres qui la séparaient du Ventoux et venait nous soutenir, par amitié pour Estelle (qui l'aimait beaucoup, d'après son journal). Sans se laisser arrêter par la peur de la contagion (à cette époque, les risques de contagion du sida étaient surestimés). C'était une personnalité intelligente et aimante, sensible, forte et équilibrée, émotive, mais non craintive ni angoissée, goûtant la musique et les arts, ayant cette indépendance de caractère qui rend savoureux et glorieux d'aimer une femme. Elle évoque pour moi la nef de Sainte-Marie-Majeure.

Trois ans après ces années noires, en 1990, Françoise et moi finissons par devenir amants, très épris l'un de l'autre : « La simplicité fidèle s'étendit partout » (René Char). Françoise venait souvent nous voir dans notre village et, au cours du temps, il y avait en moi, sans que j'en sache rien, la lente progression d'un sentiment que je n'avais pas vu naître. Aucun mot ne fut jamais échangé entre nous à ce sujet, mais, un beau jour, ce mien amour que j'ignorais éclata d'une curieuse manière : stylo en main, sans y avoir pensé, sans même le savoir, inconscient comme un automate, j'avais déjà rédigé la moitié d'une déclaration d'amour à Françoise, quand je découvre subitement ce que je venais d'écrire et j'apprends du même coup que j'étais amoureux d'elle. Ma déclaration fut agréée, car elle aussi s'était mise à m'aimer.

Estelle s'y attendait, devine aussitôt notre discrète liaison, n'en dit mot, mais comprend que mon attitude est double et sent qu'un pacte à trois serait supportable pour elle et avantageux pour les deux parties. Selon son impériale coutume, elle se rend supérieure à l'événement en s'en faisant l'auteur et maîtrise ainsi la situation : elle invente un pacte à trois et en prend l'initiative. Ce qu'elle nous fait savoir à sa manière ; elle avait rêvé, raconte-t-elle à Françoise et à moi, qu'au cours d'une promenade j'avais une calotte crânienne amovible et que nous nous retrouvions tous trois dans une douce eau tiède.

Le vouvoiement de l'aimée

En effet, dirai-je, elle avait eu la preuve que je tenais à l'une autant qu'à l'autre et que je ne l'abandonnerais jamais dans son malheur ; j'avais partagé ses épreuves, j'avais su me faire aimer de son fils par mon attitude (Stéphane le disait en termes exprès à sa mère). Et elle avait un besoin impérieux de ma présence à ses côtés. Ma vie nocturne lui était indifférente et elle appréciait les égards que je continuais à avoir pour elle.

Le rêve qu'avait fait Estelle était évidemment authentique, mais il était, comme c'est souvent le cas, la transposition, sous forme d'allégorie onirique, d'une claire décision de politique conjugale que pendant le sommeil, mais à l'approche du réveil, la raison déjà éveillée avait prise sans en être consciente[1], mais en s'apprêtant à y conformer savamment sa conduite et à fermer les yeux. Ce qui suppose quelque force de caractère, de l'orgueil et beaucoup de générosité. Et son inconscient, comme il sait faire (je l'ai constaté d'autres fois), lui avait fait raconter le rêve à celui et celle à qui ce rêve était destiné, pour offrir à ceux-ci un pacte tacite de pacifique ménage à trois.

Et qu'en était-il, de l'autre côté ? La loyale Françoise, pour sa part, n'aurait pas supporté de ruiner l'existence de sa meilleure

---

1. Dans ces songes proches du réveil, on rêve souvent qu'on erre dans le dédale des rues d'une ville ou dans une contrée inconnue, sans trouver l'issue. On est embarrassé, ennuyé, mais non angoissé. En fait, l'inconscient cherche la solution d'un problème du jour. Il arrive quelquefois que la réflexion inconsciente trouve la solution du problème, et le dormeur s'éveille : c'est le coup de génie stratégique que Napoléon, au matin de la bataille, trouvait tout prêt dans sa tête à son réveil. En réalité, le fait est banal...

amie et ne manifesta jamais de jalousie. Quant à moi, je les aimais d'amour l'une et l'autre. Estelle et moi n'étions pas un vieux couple assoupi : sa personnalité me tenait toujours chaud au cœur. Le fait est là, j'aimais d'amour deux femmes à la fois, deux femmes dont les personnalités étaient différentes et également attirantes. Sous prétexte qu'un double amour est rarement compatible avec la paix des ménages, il ne faut pas pour autant nier prudemment qu'il puisse réellement exister. Je ne suis pas le seul à en avoir administré la preuve, mais soyons discret.

Bien entendu, après comme avant ce pacte tacite, Françoise et moi avons continué à épargner à Estelle le spectacle de l'évidence, à éviter entre nous deux le moindre mot tendre, le moindre vouvoiement : les apparences étant sauves, Estelle savait tout et pouvait tout ignorer. Un soir, cependant, un incident plaisant lors du déroulement des tâches domestiques fit que nos voix, à Françoise et à moi, prirent un instant une inflexion tendre ; Estelle nous rappela vertement à l'ordre.

Estelle était une personnalité non conformiste et accueillante. Cavalière, danseuse, skieuse, elle aimait les plaisirs et les voyages, ignorait la chose appelée scène de ménage et avait la bourse ouverte envers ses amies. Son dédain des préjugés faisait qu'écrivains et artistes étaient à l'aise avec elle ; Ernest Pignon-Ernest, Paul Jenkins ou René Char ont apprécié sa société. Elle était sans petitesse et attachait peu d'importance à la vie quotidienne. Sous sa réputation méritée de travailleuse infatigable et désintéressée, de médecin réputé et aimé de ses compatriotes, c'était une personne impulsive, excessive, « shakespearienne », me disait un ancien amant ; intéressante, en un mot. Son excentricité était une partie de son charme, cependant que son sérieux professionnel la faisait respecter partout.

En voici un exemple. Estelle et moi vivions ensemble depuis peu de temps. Un dimanche, montés à pied au sommet du Ventoux par les sentiers, nous entreprenons de redescendre en voiture. À peine nous étions-nous engagés sur la route de descente qu'un groupe d'individus déchaînés se précipite sur notre auto et essaie de nous arrêter. Furieuse contre ces malappris, Estelle me dit de foncer. Un peu plus bas, nous voyons survenir à toute vitesse, face à nous, une voiture rouge de forme étrange, très plate, qui multiplie à notre endroit des appels de phare furieux.

Estelle avait compris, comme moi, que nous nous étions engagés à rebours dans une course de côte. Pour elle, il n'était pas question de nous arrêter à cause de ces intrus ; je continue donc, mais une double courbe en S nous arrête : nous risquions de nous y trouver en face d'un bolide. Cependant la course avait été suspendue et nos persécuteurs nous rattrapent, l'un d'eux enfonce notre pare-brise pour nous immobiliser ; Estelle s'empare d'un gros caillou et enfonce le pare-brise du malappris.

Je n'ai pas coutume de prendre à contre-courant les courses automobiles, mais, sous la conduite de cette récente conquête dont j'étais le chevalier, cela devenait grand. Quant à l'héroïne, elle se garda bien de raconter son aventure à qui que ce fût ; sans doute craignait-elle que ses compatriotes eussent moins confiance en leur médecin.

Estelle était digne qu'on eût pour elle une grande amitié, car « elle n'était pas comme tout le monde ». Son excentricité faisait d'elle une rareté, une pièce de musée, et les malheurs incessants de sa vie méritaient l'apitoiement et le dévouement. Sa vie avait commencé douloureusement : vingt ans plus tôt, jeune mariée âgée de vingt ans, Estelle découvre que son mari est l'amant de son propre frère à elle ; elle s'ouvre les veines. Ce drame initial a conditionné sa façon d'être, mais de plusieurs manières, dont celle-ci : après le suicide et le divorce, elle n'en demeura pas moins en bons termes avec ce frère et avec son ex-mari, dont elle appréciait la conversation, les égards, la courtoisie ; elle n'a cessé de lui rendre périodiquement d'amicales visites.

Car elle mettait son point d'honneur à être supérieure à l'événement ; elle maîtrisait toujours les situations et les deuils ; elle en avait la force. Mais là n'était pas la grande raison de son étrange conduite. Son divorce, elle ne l'avait pas demandé, elle l'avait refusé, en vain : « ce sont mes parents qui m'ont forcée à divorcer ; moi, je n'aurais jamais quitté ce mari », m'a-t-elle dit et répété. Car l'important, à son goût, était d'avoir un époux courtois et intelligent qui partageât sa vie de tous les jours, sans être nécessairement un amant.

Depuis ce divorce dramatique, et jusqu'à mon arrivée vingt ans plus tard, elle avait souffert de sa solitude, bien qu'elle ait

Le vouvoiement de l'aimée

eu – sans cohabiter – plusieurs liaisons dont certaines étaient brillantes ; dont un riche industriel et, juste avant ma venue, une longue liaison affichée avec un homme courtois qui avait de la personnalité et qui n'aimait que les hommes. Mais sans cohabiter, une fois de plus. Outre des coquetteries à l'endroit d'un poète catholique avec qui j'échangeai des mots aigres. Dans ses promenades solitaires en compagnie de son chien, elle ne cessait de pleurer de sa solitude quotidienne, m'a-t-elle confié plus d'une fois.

Elle avait un besoin vital de ma présence physique à ses côtés, de notre cohabitation, elle souffrait de mes absences. Malgré son angoisse de solitude, aucune objection n'était pourtant faite à mes fréquents déplacements professionnels, à mes séjours périodiques à Rome dans la magnifique bibliothèque romaine de l'Institut archéologique allemand. Car Estelle a toujours respecté mon travail, par respect pour le travail, plus encore pour la culture, et aussi parce qu'elle avait senti que ce n'était pas négociable.

Outre nos vacances à trois, Estelle et moi voyagions souvent tous deux. Estelle m'avait fait faire ainsi six voyages d'un mois en Grèce, en visitant complaisamment les sites archéologiques les moins connus. En 1990, peu après la chute du mur de Berlin, elle et moi, sur son initiative, avons fait une tournée de découverte dans les capitales des pays de l'Est ; nous y avons vu la pauvreté, la laideur, la bêtise du socialisme et, au bord du lac Balaton, le groupe nombreux des jolies datchas de la nomenklatura, entourées d'un mur d'enceinte ; tout à côté s'étendait le camp de repos où, à l'heure du déjeuner, le prolétariat en congé (ainsi que nous deux) défilait, une assiette à la main, devant une cuisinière qui y déposait le poisson qui constituait le repas de midi. Devant les toilettes du camp, on faisait la queue ; à l'entrée, une vieille femme fonctionnaire au visage sévère distribuait à chacun un morceau de journal.

En Hongrie, une serveuse de restaurant qui savait l'allemand a protesté avec indignation contre mes questions : « Mais la Hongrie n'a jamais été socialiste ! » ; elle ajouta : « Enfin, Dieu merci, les Russes sont partis. » Pour elle, le socialisme n'a jamais été qu'un produit d'importation russe.

Quand on voyage, on attrape parfois, au passage, une expression de physionomie qui, en un éclair, révèle un pan de réalité. Estelle et moi, en camping-car, traversions un jour la Serbie communiste, quand nous apercevons, planté au bord de la route, un grand drapeau qui n'était pas le pavillon yougoslave ; autour du drapeau, des jeunes gens piochaient le talus. C'est un camp des Jeunesses communistes, dis-je à Estelle ; les rejetons de dirigeants, promis à un bel avenir, viennent y passer un semestre et pourront ainsi inscrire dans leur biographie officielle qu'ils ont débuté comme terrassiers.

Apercevant notre véhicule de capitalistes, un grand jeune homme fier qui se tenait à côté du drapeau cesse de piocher, se redresse de toute sa hauteur et, appuyé sur sa pelle, me regarde au visage. Je croise au passage ses yeux hautains, ironiques et dédaigneux qui nous jugeaient et nous jaugeaient. Oui, avec ce gros truc en fer, nous étions plus riches que lui,

Le vouvoiement de l'aimée

mais, dans notre pays, nous n'appartenions qu'à une classe moyenne, tandis qu'ici lui serait au sommet de sa société, dans la nomenklatura ; et, s'il faut parler véhicule, il roulerait à l'arrière d'une de ces limousines officielles avec chauffeur que l'on croisait sur les routes socialistes.

Tels étaient nos voyages en couple. En revanche, pour un voyage solitaire d'agrément, je ne pouvais la quitter qu'avec son aveu, et pour cause : quand j'avais laissé entrevoir à Estelle que j'avais envie d'un tel voyage, elle me donnait d'elle-même l'ordre formel d'y aller. S'étant ainsi rassurée, elle se donnait la preuve qu'elle ne serait jamais délaissée de mon fait à moi, unilatéralement. Sa crainte a eu parfois un côté comique. J'ai été un jour convié à présenter ma candidature à l'Académie française (où je n'avais nulle envie d'aller : je suis homme d'amitiés, mais je fuis toute société). Lorsqu'elle l'a appris, Estelle ne m'est pas tombée dans les bras en disant : « Chéri, que je suis fière de vous ! » ; elle m'a dit aussitôt : « J'espère que vous allez refuser, vous seriez sans cesse ailleurs ».

Estelle et moi avions ainsi, de puissance à puissance, des relations internationales amicales, ce que marquait l'emploi du vouvoiement réciproque, tant en privé qu'en public. Avec Françoise, en revanche, j'avais en secret des rapports simples et directs, tendres et sensuels, confiants et égalitaires, sans arrière-pensée, sans réserve. Mais je la vouvoyais unilatéralement lorsque nous étions seuls. Je suis partisan de ce vouvoiement avec toute femme qui vous a accordé ses faveurs ; il prouve que vous ne la respectez que davantage. Ce « vous » est donc un manifeste féministe, mais ce n'est pas que cela : c'est comme un « je t'aime » qui accompagne tacitement la phrase la plus banale et qui chauffe la bouche au passage. En outre, il n'exclut nullement un soudain passage au « tu », qui prend alors une forte valeur expressive. Je ne saurais donc trop suggérer à mon lecteur de pratiquer, s'il ne le fait déjà, ce « vouvoiement de l'aimée », d'enrichir ainsi la langue française et de laisser les nigauds et les envieux y voir du snobisme.

Le pacte tacite entre nous trois durera jusqu'au bout, jusqu'à la disparition d'Estelle. À partir de 1991, nos vacances furent des voyages à trois ; ce furent, pour nous trois, dix beaux étés d'entente amicale, à Sorrente, en Toscane, en Émilie, à Ferrare, à Venise, à Otrante. Un voyage en Alsace nous fit découvrir La Petite-Pierre, la solennité de la forêt vosgienne et le *Portrait d'Anne*, par Nicolas de Staël, au musée de Colmar.

Estelle paraissait avoir oublié son fils, ne parlait jamais de lui, n'était jamais triste ; ce furent pour elle, au moins en apparence, dix années de bonheur. Elle avait pris l'habitude de qualifier amicalement Françoise de « seconde épouse » et de la présenter sous ce qualificatif à ses amis et connaissances et à tout le village. Sur un catalogue du musée de Naples qu'elle et moi avions offert à Françoise, on lit les inscriptions suivantes, datées du 8 août 1995 : « Stella, ti amo. PAOLO. – Stella, sei unica. FRANCESCA. – Francesca, ti amiamo. STELLA, PAOLO – Sono matto di felicità fra l'imperatrice Stella e la seconda sposa Francesca. PAOLO. »

Le vouvoiement de l'aimée

Trois ans se passèrent ainsi. « Aux yeux de l'opinion », me dit-elle tout à coup, un jour de décembre 1997, « cela fait trop de voyages à trois ». Sa façon de ménager l'opinion publique et de braver le ridicule de l'épouse trompée a été la suivante : de son seul fait, elle nomma Françoise « seconde épouse » par un acte revêtu de nos signatures et de celles de quelques témoins, dont ma propre sœur ; elle en informe tout son entourage, stupéfait plus que choqué. Elle fait fabriquer trois alliances identiques, les répartit entre nous trois (Françoise et moi les portons encore) et nous expédie tous deux, médusés, en voyage de noces *(sic)* en Hollande. Le soir du départ, nous faisons escale à Metz où je reçois un téléphonage d'Estelle : « Ne faites pas de dépenses inutiles, prenez une seule chambre. »

Par la suite, je dus séjourner à Los Angeles en 1999 et en Italie du Nord en 2001 ; ces voyages présentant pour moi quelque difficulté matérielle ou morale, Estelle, de sa seule initiative, ordonna à Françoise de m'accompagner pour m'assister. De son côté, la délicate et forte Françoise ne m'a jamais demandé de choisir entre elle-même et Estelle, qui demeurait sa grande amie. Le pacte tacite fut respecté jusqu'au bout. En 1995, quand mourut mon propre fils, nos trois noms furent gravés par avance, à côté du sien, sur un tombeau commun où, depuis 2011, Estelle, son fils et le mien nous attendent, Françoise et moi.

Oui, la mort de son fils semblait oubliée, mais un grand vide muet restait creusé dans le sous-sol d'Estelle. Or une nouvelle tragédie vint la frapper qui, à deux reprises, l'amena en clinique psychiatrique : en août 1993, Estelle se vit moralement contrainte de tuer de sa main sa propre mère. Cette mère, femme impérieuse (que j'avais engueulée un jour pour son antisémitisme), lui ordonne de l'euthanasier, car cancer. En vain étais-je allé la supplier de ne pas exposer à une pareille épreuve une Estelle déjà éprouvée par la mort de son fils. « Cela montre, me rétorqua-t-elle, que porter une croix est la vocation de ma fille et cette euthanasie n'en sera qu'une étape de plus. Du reste, tranquillisez-vous : je prends le péché sur moi », conclut textuellement cette croyante (qui, comme on voit, se faisait une théologie à sa convenance).

L'exécution fut expéditive et laconique. Lorsque la mère d'Estelle nous vit tous deux entrer dans sa chambre, elle dit à sa fille d'une voix sévère : « C'est pas le moment de te dégonfler. » Sans un mot, Estelle enfonce une seringue dans un cathéter que sa mère avait au bras. « Merci », lui dit celle-ci. C'était si simple qu'elle aurait pu aisément se donner la mort de sa propre main, étant elle-même médecin ; mais ses enfants étaient là pour la servir. De mon côté, un peu emprunté dans mon rôle, je récitais un *Ave Maria* qui me revenait de ma jeunesse. La prière à peine terminée, la mère d'Estelle était morte et sa fille lui fermait les yeux.

S'ensuivirent les deux séjours successifs d'Estelle en clinique psychiatrique. Deux ans plus tard, en 1995, le suicide de mon propre fils, Damien, né d'un précédent mariage, fut un nouveau coup sensible. Damien avait bien réussi

Le vouvoiement de l'aimée

socialement. Dès son enfance, j'avais été frappé de sa capacité d'abstraction et de son indépendance de caractère ; grâce à la vente de mon grand appartement aixois, j'avais pu financer ses coûteuses études en Californie ; il entamait une belle carrière d'informaticien aux États-Unis, il gagnait déjà plus d'argent que moi. Mais, depuis ses vingt-cinq ans, se développait en lui, nul ne sait pourquoi, ce cancer de l'âme qu'aux États-Unis on nomme mélancolie suicidaire [1]. Après quatre ans de maladie, ayant fini par laisser tomber son travail et perdu sa situation en Amérique, il était revenu vivre chez nous et, en mon absence, il s'est tiré un coup de fusil ; j'ai découvert à mon retour son corps mutilé. Je n'ai pas le cœur d'en dire plus long. Estelle espéra un moment que nous allions nous tuer tous deux, elle et moi, et elle en fit part à Françoise qui me conjura de n'en rien faire.

Et dès lors, quand, devant le confessionnal de ma mémoire, défilent les événements qui ont suivi cet ultime malheur de l'an 1995, je vois bien que l'Estelle des quinze années suivantes, les dernières de sa vie, avait beaucoup changé. L'ère des voyages et de la gaieté était bien loin, celle des suicides et des éclats de colère intermittents l'était aussi. Son alcoolisme était ancien,

---

[1]. Dans l'*Encyclopaedia Universalis*, vol. XVII, p. 360, au mot « suicide », je lis ces lignes qui sont un vrai résumé de la fin de vie de mon fils : « Lorsqu'on étudie les antécédents (de suicidés), on découvre que, depuis de nombreux mois, beaucoup de sujets présentèrent des perturbations qui se traduisaient par une fréquence de plus en plus grande de leurs arrêts de travail. L'acte suicidaire survient à la fin de tout un processus évolutif au cours duquel le sujet a eu des maladies psychosomatiques ou s'est livré à la toxicomanie ou à l'éthylisme. »

malgré cinq cures de désintoxication. Vers 2000, sous l'effet de trop de malheurs, commença pour cette sexagénaire une dépression à laquelle s'ajoutait une anorexie qui devait être fatale ; je viens de découvrir une vieille ordonnance, datée de 2000, qui parle d'un état dépressif et d'un début de déminéralisation.

Elle ne voulait pas guérir, de toute évidence. Sur mon conseil, elle alla consulter un psychothérapeute ; elle en revint en haussant les épaules. Je parvins à la persuader de voir un médecin de ses connaissances (elle et lui se tutoyaient) pour qui elle avait de l'estime. Celui-ci voulut « prendre le mal à la racine », mais se trompa de racine : il voulut la désintoxiquer de son alcoolisme. Elle quitta son cabinet comme une Furie et ne voulut plus jamais le revoir.

Diminuée physiquement, l'orgueilleuse Estelle est atteinte dans sa fierté face à l'active Françoise, l'amie de toute sa vie ; elle éclate une fois contre elle en une de ses pires colères. Françoise finit par être pardonnée, mais jugea plus sage d'espacer ses visites et de ne plus jamais faire mention de ses activités humanitaires. Il demeure qu'en 2008 et 2010 encore, fidèle au pacte et à sa politique conjugale, mais aussi à sa générosité, Estelle m'envoie spontanément passer une semaine en vacances d'été dans la villa de Françoise, alors que je n'y songeais même pas [1].

---

[1]. Pour Estelle, le grand problème de ses cinq dernières années n'avait pas Françoise pour nom : c'étaient mes fréquents voyages à Paris auprès de mes éditeurs. Lorsque j'étais absent, ne serait-ce que pour une nuit, l'intelligente et fine Évelyne Chambon, qui nous aimait bien et que j'appelle ma gouvernante

Le vouvoiement de l'aimée

Elle a toujours gardé sa raison jusqu'au dernier jour, mais, à partir de 2005 à peu près, elle était épuisée, absente, sans force, paniquée au moindre virage durant les trajets en voiture, ayant perdu la mémoire immédiate et lointaine, ne sortant plus de sa maison, toujours assise ou couchée et, tout à la fin, s'appuyant aux murs lorsqu'elle se déplaçait. En 2007, je l'ai menée voter à l'élection présidentielle : son apparition en public, au village, frappa les témoins, car, depuis longtemps, on ne l'avait plus aperçue hors de sa maison. Elle écoutait ses interlocuteurs, dont Françoise, mais répondait rarement et ne prenait presque jamais la parole. Elle passait ses journées devant la télévision allumée, sans la voir. Le moindre changement aux habitudes domestiques, la moindre innovation lui était insupportable.

J'avais soin d'être à ses côtés à toute heure, de lui parler longuement, de lui caresser les cheveux, de lui faire part de mes pensées, pour lui donner une idée rassurante d'elle-même. Je ne suis pas un ange, mais ses frères et leurs épouses – je me dois d'écrire leur nom : Aloys et Paule, François et Michèle – témoignent des soins que j'ai eus pour elle au long de ces années ; car, aujourd'hui, ils font généreusement le meilleur accueil à Françoise. Mes paroles et mes gestes n'ont cessé de lui montrer l'affection profonde qu'elle ne cessait de m'inspirer.

(elle l'est toujours), venait dormir chez nous. Restait cependant la règle implicite du pacte : Estelle m'expédiait spontanément en vacances chez Françoise, mais, si c'était moi qui demandais d'être accompagné par Françoise dans quelque voyage, je me heurtais à un refus catégorique.

Si bien que je ne voyais pas combien elle était diminuée. Ou peut-être cette affection était-elle aussi ma dénégation de son état diminué.

Devenue anorexique vers 2005, elle refusait toute nourriture ou la donnait discrètement à sa chienne ; chez nous, il n'y avait plus de repas. Elle se nourrissait exclusivement de vin (je le coupais en secret) ; oui, exclusivement. Elle en buvait dès le matin, en guise de petit déjeuner, puis tout au long de la journée (un verre de vin, une cigarette, tout au long du jour), et elle s'était déminéralisée.

Bien entendu, il était impossible de lui suggérer de changer de régime, encore moins de consulter un médecin (race haïssable), sous peine d'une violente colère, et il était matériellement impossible de la nourrir de force jour après jour. Au bout de six ans, en mars 2011, elle se rompt le col du fémur et est hospitalisée à sa demande dans une clinique privée qui avait sa préférence, mais où elle était fort mal soignée.

Sur son lit de malade, elle fait, le vendredi, son habituel bon accueil à Françoise. Le samedi, elle quitte la clinique, ayant décidé de revenir mourir chez nous, comme elle m'avait toujours dit qu'elle ferait. Elle avait le sentiment qu'elle allait mourir, me dit-elle. Deux jours plus tard, le lundi 28 mars à midi, elle avait subitement cessé de vivre.

Chez nous, donc, pendant qu'une aide-soignante lui donnait des soins de toilette, elle est morte, assise sur son lit, inopinément, en quelques secondes, *varco della vita a vita più felice*. Une demi-heure plus tôt, cherchant à la réalimenter,

Le vouvoiement de l'aimée

j'étais parvenu, à force d'insistance, à lui donner quelque chose de consistant à manger, becquée après becquée.

Françoise, qui est médecin, a été moins surprise que moi de la soudaineté de cette mort. Pareillement accablés de la disparition d'une partie de nous-mêmes, nous avons passé une nuit de désespoir à la pleurer. Le lendemain et le surlendemain, j'allais sans cesse baiser son visage devenu calme.

Estelle était toujours restée doublement inconsolable, d'avoir eu un fils pareil et de l'avoir perdu. Si elle ne parlait jamais de Stéphane, en revanche elle n'a jamais cessé de penser à lui, tant pendant les douze années de refoulement et de bonheur que pendant les douze ans de dépression, d'anorexie, d'immobilité et de silence qui ont suivi. Elle l'aimait profondément (ses note intimes, que j'ai lues après sa mort, n'ont pas de mots assez tendres pour lui) et elle est morte de cet amour déchiré. Une de ses nièces, la talentueuse Valérie Sandoz, forte personnalité et caractère élevé, était devenue pour elle sa vraie fille, l'enfant qu'elle aurait voulu avoir.

Dans des documents signés de sa main en mars 2003, elle écrit qu'elle va se tuer pour aller retrouver son fils aimé, que le moyen de le retrouver est d'être incinérée comme lui et non pas inhumée, et qu'il faut prendre soin de sa chienne Myrtho ; « Je n'ai plus rien à dire, je n'en peux plus. Personne n'est responsable de mon acte. Je vous embrasse très fort. » Dans un document de peu postérieur, elle écrit que, n'ayant pas la force de se suicider, elle va se laisser dépérir ; « Françoise, occupe-toi de Paul, il ne supporte pas la solitude. Je vous souhaite à tous deux une bonne vie. » Ces papiers sont maintenant sous les yeux de sa nièce Valérie.

Au fil des ans, Estelle s'est laissé mourir de chagrin. Pourquoi suis-je toujours resté à ses côtés ? Pourquoi cette constance ? Par « vertu » ? Non, puisque j'étais infidèle. Parce que j'étais heureux ? Non plus, mais par amitié amoureuse et par sens moral : il existe un devoir d'assistance.

Ou plutôt, entre elle et moi, il existait un pacte d'assistance : en septembre 1984, lorsque, le sida ayant été constaté, son fils est venu se faire soigner chez nous par sa mère, Estelle m'a dit inopinément : « Et maintenant, qu'allez-vous faire ? Vous allez partir, sans doute ? » (question inattendue ; peut-être pensait-elle à une crainte de la contagion ou à un refus du métier de garde-malade). J'ai répondu que je restais. En effet, je tenais à elle, qui tenait tant à ma présence, et je ne pensais guère à la contagion. L'engagement était pris ; ne pas le tenir aurait été déshonorant.

Et par ailleurs, au-delà du devoir, il existait un grand mobile : il était intéressant de vivre avec une Estelle, personnalité sérieuse en son métier et ses engagements, originale dans son existence. Était-ce de l'amour ? Une grande amitié ? Pas seulement : c'était une amitié *sexuée*, bien que platonique, une amitié que la différence de sexe colorait de son charme. C'était donc une sorte d'amour et c'était différent des amitiés pures que l'on peut éprouver – que j'ai éprouvées et éprouve encore – pour des femmes distinguées.

Le vouvoiement de l'aimée

Cet amour me faisait considérer Estelle comme une personne un peu excentrique qui avait un passé douloureux ; après sa disparition, j'ai mis longtemps à comprendre, à « réaliser » que j'avais été un garde-malade. Et puis, l'important était qu'elle m'aimait aussi ; or le besoin de me savoir aimé a dominé ma vie. De même, pour Estelle, le besoin d'être aimée afin de n'être pas seule.

Puisqu'il y a plusieurs façons d'aimer, on peut aimer deux femmes à la fois. L'une et l'autre avaient une personnalité ; or seules de telles femmes sont aimables : avec elles, on sent qu'on a dans les bras un être lourd de sens. Amoureux heureux depuis vingt ans de la délicate et forte Françoise, qui avait supporté cette double vie sans un mot et qui a lu ces pages ; et ayant guerroyé jusqu'au bout pour notre commune amie l'originale et forte Estelle, dont le souvenir ne me quitte pas.

Les jours où Françoise vient me voir (nous avons choisi de ne pas cohabiter), une merveille se découvre à nous : ceux qui s'aiment ne se sentent ni ne se voient vieillir ; les vifs plaisirs qui étaient les leurs autrefois sont devenus des souvenirs dont ils sont heureux et fiers ; l'entente avec un être de l'autre sexe, sans la moindre réticence, sans une seule querelle en deux décennies, est à tout âge une félicité. Lorsque Françoise n'est pas là, je reste assis à lire, le soir, devant les photos d'Estelle, de mon fils et de Georges Ville. Pendant la journée, je travaille sur le poète latin Virgile ou sur ces *Souvenirs*.

Pourquoi travailler ? Parce qu'on n'éprouve plus, tant qu'on travaille, le sentiment, toujours tapi à l'arrière-plan de la

Et dans l'éternité je ne m'ennuierai pas

conscience, qu'on mourra tôt ou tard ; et, dans mon cas, qu'on mourra bientôt. Je sais que l'octogénaire que je suis mourra bien avant Françoise. C'est pourquoi je lui redis ici ce que Jean Prévost, prévoyant sa mort prochaine, disait à sa femme en 1944 :

> Si les morts ont droit aux étrennes,
> Avant que l'an nouveau revienne,
> Prends un amant.

Je tiens à remercier tout spécialement Hélène Monsacré, qui, avec sa culture de docteur ès-lettres, m'a souvent guidé et qui, surtout, m'a donné l'idée d'écrire ce livre et a vaincu ma réticence, ma pudeur et ma crainte à l'écrire et à aborder certains sujets. Elle n'a cessé de me suggérer quels étaient les thèmes à évoquer et a rectifié partout ma marche hésitante. Le peu que valent ces souvenirs lui est dû.

Je la remercie aussi de la patience avec laquelle elle a supporté jusqu'au bout ma manie des additions et corrections.

Table

I.	Une vocation ludique	9
II.	Adolescence en Provence occupée	27
III.	Le métier d'élève	43
IV.	Le monastère laïc de la rue d'Ulm	53
V.	Communiste sous protection américaine	77
VI.	Le conformisme des religions nationales	99
VII.	L'Italie, enfin elle !	111
VIII.	Sorbonnard et anticolonialiste	129
IX.	La recherche est un plaisir	143
X.	Chaque sommet est une fin du monde	161
XI.	Mai 68 à Aix-en-Provence	173
XII.	Quelques aspects de la Rome antique	181
XIII.	Rencontres du premier type	201
XIV.	Ravissements	223
XV.	Le vouvoiement de l'aimée	231

Du même auteur

Comment on écrit l'histoire. Essai d'épistémologie, Le Seuil, 1971 ; « Points Histoire », 1996.

L'Inventaire des différences, Le Seuil, 1976.

Le Pain et le Cirque. Sociologie historique d'un pluralisme politique, Le Seuil, 1976 ; « Points Histoire », 1995.

L'Élégie érotique romaine. L'amour, la poésie et l'Occident, Le Seuil, 1983 ; « Points Essais », 2003.

Les Grecs ont-ils cru à leurs mythes ? Le Seuil, 1983 ; « Points Essais », 1992.

René Char en ses poèmes, Gallimard, 1990 ; « Tel », 1994.

La Société romaine, Le Seuil, 1991 ; « Points Histoire », 2001.

Préface, notices et notes à Sénèque, *Entretiens, Lettres à Lucilius*, R. Laffont, 1993 ; « Bouquins », 1998.

Introduction à Sénèque, *De la tranquillité de l'âme*, Rivages, 1993.

René Char : La Sorgue et autres poèmes (en collaboration avec Marie-Claude Char), Hachette Éducation, 1994.

Le Quotidien et l'Intéressant, Entretiens avec Catherine Darbo-Peschanski, Les Belles Lettres, 1995 ; Hachette Littératures, 1997.

Les Mystères du gynécée (avec Françoise Frontisi-Ducroux et François Lissarrague), Gallimard, 1998.

L'Empire gréco-romain, Le Seuil, 2005.

Quand notre monde est devenu chrétien (312-394), Albin Michel, 2006 ; Le Livre de Poche, 2010.

L'Infréquentable Michel Foucault. Renouveaux de la pensée critique (sous la direction de Didier Éribon), EPEL, 2001.

Sexe et pouvoir à Rome, Tallandier, 2005 ; Le Seuil, « Points Histoire », 2007.

Sénèque : une introduction, Tallandier, 2007.

Foucault : sa pensée, sa personne, Albin Michel, 2008 ; Le Livre de Poche, 2010.

Mon musée imaginaire ou les chefs-d'œuvre de la peinture italienne, Albin Michel, 2010.

Propagande expression roi, image idole oracle. Visibilité et lisibilité des images du pouvoir (avec Louis Marin), Éd. Arkhê, 2011.

Présentation et nouvelle traduction de Virgile, *L'Énéide*, Albin Michel/Les Belles Lettres, 2012.

Impression CPI Bussière en juin 2014
Éditions Albin Michel
22, rue Huyghens, 75014 Paris
www.albin-michel.fr

ISBN : 978-2-226-25688-1
N° d'édition : 21054/01 – N° d'impression : 2010472
Dépôt légal : septembre 2014
Imprimé en France